혼자여도 든든한
OX
돈 관리법

혼자여도 든든한
OX
돈 관리법

초판 1쇄 인쇄 2020년 12월 1일
초판 1쇄 발행 2020년 12월 7일

지은이 김도윤, 김이희
책임편집 조혜정
디자인 그별
워크시트 디자인 원성현, 정희진, 김수희
펴낸이 남기성

펴낸곳 주식회사 자화상
인쇄,제작 데이타링크
출판사등록 신고번호 제 2016-000312호
주소 서울특별시 마포구 월드컵북로 400, 2층 201호
대표전화 (070) 7555-9653
이메일 sung0278@naver.com

ISBN 979-11-91200-07-2 03320

이 도서의 국립중앙도서관 출판예정도서목록(CIP)은 서지정보유통지원시스템 홈페이지
(http://seoji.nl.go.kr)와 국가자료공동목록시스템(http://www.nl.go.kr/kolisnet)에서
이용하실 수 있습니다.(CIP제어번호: CIP2020051039)

혼자여도 든든한

O X
돈 관리법

김도윤, 김이희 지음

프로젝트A

세상에 없는 나만의 기준
'가심비'

택시비는 사치다. 나는 그렇게 생각했다. 그래서 그날도, 정말 무거운 짐을 들고 버스를 환승해가며 택시비를 아꼈다. 그러다 허리를 삐끗해서 며칠 동안 고생했고, 그 바람에 병원비가 더 나왔던 기억이 있다. 그런 경험들을 가지며 이런 생각을 하게 되었다. 이럴 줄 알았으면 그 돈을 그냥 쓸 걸.

가계부에 택시비는 '교통비'라는 지출 항목으로 지정되어 있다. 버스비도 주유비도 '교통비'로 구분하여 기재하여 한 달 교통비를 얼마 썼는지 확인한다. 그런데 그 지출을 구분하여 기록

하면 내 통장에 무슨 변화를 줄 수 있는가? 기록만 한다고 잔고가 늘어나는 것도 아닐 텐데, 그럼 이 항목을 어떻게 회고해야 좋단 말인가? 나의 가계부에서는 돈 쓰고 만족했던 그 '택시비'를 구분하고 싶었다.

1) 지각해서 탄 택시 – '안 써도 되는 택시비'

VS

2) 적합하게 사용되었던 – '잘 쓴 택시비'

같은 택시비라도 잘한 소비와 못한 소비가 있으니, 단순히 택시비를 교통비에 넣고 불필요한 지출을 했다고 쓰는 건 너무 1차원적이다. 나는 가계부에 '가치'라는 항목을 넣고 싶었다. 단지 교통비로 정의하는 것이 아니라 사용 후 적합했는지 불필요했는지를 보는 것이다. 구분은 식비에도, 물건 구입비에도 적용될 수 있었다. 돈 쓰고 '잘했다고 생각되는 지출'과 돈 쓰고 '후회되는 바보 같은 지출'. 지출이란 저마다 새로운 항목으로 늘어나고 구분하기는 복잡해서 수없이 가계부를 포기했던 나지만, 이렇게 심플하게 구분한다면 나도 적어볼 수 있을 것 같았다.

가심비 가계부, 즉 'OX 가계부'는 초보들이 쓸 수 있는 심플한 가계부다. 수십 개의 지출 항목을 구분하느라 고민하지 말자. 돈 쓰고 후회되지 않으면 'O', 돈 쓰고 후회되면 'X'. 그러면 지출은 자연스럽게 줄어든다. 아긴다고 살고들 있지만, 꼭 필요한 것에만 돈 쓰는 사람이 없더라.

무조건 싼 거보다, 만족스럽게 잘 쓴 돈 '가심비'

가성비를 따지는 요즘 시대상과 달리 비싸도 구입하는 '스타벅스 커피', 가성비 좋은 전자제품을 찾는 이들에게 '샤오미'는 굿 뉴스였다. 그럼에도 더 비싸지만 매력적인 '애플'을 선호하는 이들은 그 브랜드의 마니아가 되어 돈을 모아 신상품을 구입하며 만족해한다. 이 시대를 보면 '가성비'만이 정답이라는 생각은 들지 않는다.

스타벅스에서 커피를 한 잔 하면서 아까워하는 사람보다, 다른 걸 아껴서 기분 좋게 커피 한 잔 하며 자기만족을 실천하려는 사람들을 이제는 쉽게 찾아볼 수 있게 되었다. 이제 싼 게 좋은 가성비가 아닌 내 마음을 채워주는 가심비를 수치화할 필요가 있다.

우리는 스스로가 소중한 사람이라는 것을 자각하였고, 할인한다고 무조건 좋은 게 아니라 내게 더 소중한 것에 지출함으로 에너지를 얻을 수 있는 나만의 지출 기준을 갖게 되었다. 가성비를 쫓는 사람도 정답이고 내게 더 가치 있는 선택을 하려는 사람도 정답이다.

그래서 난 정해진 틀에 사람을 맞추는 건 틀리다고 생각한다. 하지만 가계부는 틀에 맞추어 정리하도록 강요하는 도구이고 못하면 의지가 약하다는 평가를 받게 만들었다. 기존의 가성비를 쫓는 이들이 쓰는 가계부는 시중에 많다. 하지만 이런 가계부는 내 만족도를 표현하는 추가 지출을 기록하기에는 맞지 않는 시스템이다. 나는 내가 쓸 수 있는 가계부가 필요했다.

아끼면 똥 된다. 난 아껴서 쓰련다!

가계부를 쓰는 목적은 무엇인가? 대개 저축액 늘리기를 목표로 잡을 것이라 생각한다. 저축액을 늘려서 종잣돈을 만들거나, 혹은 저축을 쌓고 쌓아서 전세자금이나 내 집 마련의 목표를 잡고 있지 않을까?

나는 이 말을 하고 싶다. 가계부로 쓸데없는 소비를 줄이고, 조금씩 저축액이 늘어나면 그 돈으로 여행을 가라고, 아니면 가전제품을 사라고!

소비와 지출의 패턴이 과거와 크게 달라졌다고 믿는다. 먼 미래의 행복을 위해 현재의 행복을 미루기보다 지금 이 순간의 기쁨과 행복 역시 중요하다고 믿는 이라면 이 가계부가 제격이다. OX 가계부를 기록하며 후회 지출을 줄이고, 저축액을 조금씩 늘여서 그 돈으로 당신이 하고 싶었던 것을 하나쯤 했으면 좋겠다.

짧으면 1년, 길면 3년 정도를 목표로 잡고, 가계부를 통해 남긴 돈으로 무엇을 하고 싶은지 먼저 정하자. 목적이 있어야 의욕도 생기는 법이다. 너무 먼 미래를 목표로 삼으면 지친다. 성취가 필요하다.

이 책을 쓰는 목적이기도 하다. 돈이 없어 하고 싶은 걸 못하면 그 순간 내가 무엇을 위해 이렇게 사나, 허무해지기 마련이다.

그래서 만든 이 가계부를, 우리는 가심비 가계부라 부른다. 이 책은 다음과 같은 순서를 따른다. 가계부를 잘 쓰기 위한 과정이 아니라 매달 현금이 부족해 결국 재정 계획을 세울 수 없는 이들이 느낄 금전적 스트레스를 줄이기 위한 과정이라고 생각해주기를 바란다.

 금전적 스트레스 개선을 위한 To do List !!!

1. 지출 상황, 지출 파악을 위해 일단 적자! .
2. 생존 지출액, 써야만 하는 필수 금액을 파악한다.
3. 활용 구간, '이만큼은 안 써도 죽지 않는다.' 그 범위를 알자.
4. 절제 범위, 저축 목표 및 아껴 쓸 구간을 구체화한다.
5. 저축 시스템, 원하는 것을 할 목돈 마련 체계를 운영한다.
6. 변수와 지출 타이밍, 목돈이 나가는 시기와 항목을 파악한다.
7. 지속 실천

이제부터 돈이 없어 끙끙거리며 하고 싶은 걸 제대로 하지 못했던 자신과 안녕을 고하자. 마음 편하게, 즐겨야 할 순간에 즐길 수 있는, 사야 할 때 할부 없이 마음 놓고 살 수 있는 인생을 위한 <u>OX 가계부</u>를 시작해보자.

3장 후회 지출을 파악하는 것이 관건

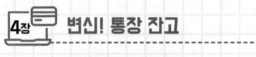

4장 변신! 통장 잔고

가계부 포기만
100번째

:

나는 잘못되지 않았다.
잘못된 건 가계부다.

가계부 포기만
100번째

돈을 모으는 방법은 크게 두 가지가 있었다. '더 벌거나 덜 쓰는 것'.

내가 더 버는 것은 돈을 주는 사장님 마음대로라 어쩔 수 없었지만, 덜 쓰는 것은 내 노력에 따른 일이었다. 돈을 모으는 방법을 물으면 주변에서는 하나같이 가계부를 적으라고 했다.

가계부, 정말 쓰면 뭔가가 달라질까? 의심 반 기대감 반을 안고 우선 가계부를 써보기로 한다.

그래서 나는 가계부를 써야겠다고 마음먹었다

사실은 이미 쓰다 포기한 게 벌써 100번째다. 그래서 가계부를 꾸준히 쓰고 있다는 특별한 그들에게 물었다. "사용하시는 가계부 양식 좀 공유해주실 수 있을까요?" 이 어려운 걸 해내고 있는 그들에게는 무언가 다른 비법이 있을 것이라 생각했다. 그러나 하나같이 동일한 답을 한다. "서점 가면 팔잖아?" 내 의지가 약한 것도 있겠지만, 난 그런 양식이 납득이 가지 않아 끈기 있게 작성할 수가 없었다.

		1월	2월
수입	전월이월	1,026,893	
	수입	2,474,306	10,046
지출	주식	7,450	17,200
	간식	51,150	25,250
	외식	58,270	13,000
	과일	0	0
	공과금	90,310	52,150
	의류	67,840	28,640
	생활용품	76,680	57,340
	문화생활	89,660	21,405
	교통	6,000	9,000
	건강	159,600	24,8000
	아기	450,000	210,200
	경조사	0	0
	적금	1,100,000	0
	비고	5,000	

지출

■육아 ■식비 ■생활용품 ■공과금 등

지금 모두들 사용하고 있는 가계부는, 지출 후 해당 항목에 지출 내역을 구분하여 적어가는 방식이다. 영수증을 꺼내놓고 책상 앞에서 가장 먼저 시작되는 짝 맞추기!! 수많은 항목 중 내 지출은 어디 해당하는가?

1	주거비	집세(월세), 관리비, 대출금, 이자, 기타
2	식비	주식, 부식, 간식, 외식, 기타
3	세금, 공과금	전기, 수도, 가스, 난방비, 재산세, 배당금세금, 기타
4	교통비	대중교통, 택시비, 비행기/기차, 기타
5	차량유지비	유류, 주차, 수리, 통행료, 벌금, 세차, 소모품, 기타
6	문화생활	영화관람, 공연(뮤지컬, 연극 등), 음반, 레져, 여행, 기타 문화
7	자기계발	도서, 시험응시료, 강의, 운동, 기타 투자
8	교육비	학비, 학원비, 교재비, 기타 교육비
9	자녀양육	분유, 아기용품, 보육비, 학비, 학원비, 학습지, 기타
10	경조사비	경조사(본인/배우자), 부모님 용돈, 회비, 선물, 후원금 등
11	의료비	병원, 약품, 기타 의료비
12	생활용품	가전제품, 가구, 주방/욕실, 생활용품, 인테리어, 잡화/소모품
13	저축,투자	적금, 펀드, 주식, 곗돈(동창,직장,친척), 기타
14	보험료	생명, 손해, 의료실비, 자동차, 운전자, 화재
15	기타	잡비, 배송비, 환불, 본인명의 다른 통장 송금, 사용처 불명

구분하기 쉽지 않은 수많은 지출 항목들.

가계부를 쓰려는데 나와 맞지 않는 항목이 계속 눈에 거슬린다.

– 가족과 동거중인 나는, '세금/공과금' 항목이 필요 없다.
– 미혼이라 '자녀양육, 자녀 교육비' 항목이 필요 없다.
– 나는 차가 없으니 '차량유지비' 항목이 필요 없다.

 기혼과 미혼, 자녀 유무에 따라 지출 내역에 분명한 차이가 있을 텐데 왜 다들 똑같은 양식에 나를 맞추어 써야 하는지 늘 궁금했다. 10년간 내게 적합한 가계부를 완성시켜온 결론은 이러하다. '그들은 나만큼 고민하지 않았구나.' 그냥 누군가 쓰던 것을 사용해왔던 것이다. 그때의 나처럼….
 내 지출들은 어느 지출 항목에 넣는 것이 적합할까? 항목 구분이라는 이 어려운 일을 해내면 '내 통장에는 어떤 변화가 생기는 걸까?' 도대체 왜 지출 항목을 이렇게 세분화해서 구분해내야 하는 걸까? 이론으로는 그 이유를 알고 있지만, 매번 가계부를 적을 때마다 어느 항목에 넣을지 고민하기가 너무 어렵고 귀찮아서 이 과정들을 지속하기란 매우 어려운 일이었다.
 내 경우에, 거래처 직원과 서로 공통점이 많고 잘 통해서 친구가 되었다. 정말 친해져서 종종 식사를 하며 술자리로 이어지곤

했는데, 그와 함께한 그 지출을 가계부에 적는 일이 가계부 포기의 결정적 이유가 되었다.

그와 함께한 저녁 식사 자리에서 술도 한잔 하면서 그간의 안부와 개인 휴가 일정도 공유하며 즐겁게 이야기했다. 일 얘기도 하고 영업도 잘 봐달라고 농담도 건네며 노래방은 내가 쐈다. 유쾌한 시간을 보내고는 늦은 시간 택시를 타고 집에 와서 간단하게 씻고는 자기 전 가계부를 적어본다. 그런데 '지출 항목' 구분에서 딱 막힌다. 아직도 정답을 찾지 못했지만 여러분 중 그 정답을 아는 분이 있을는지….

사용처를 가계부의 지출 항목에 구분해보자.

친해진 #거래처직원 함께 1)#저녁식사
2)#술 한잔 후 3)#노래방 그리고 4)#택시비
근데 이야기 중 5)#영업 이야기도 했는데….

지출 항목 구분

1)#저녁식사 : 식비/ 외식비
2)#술 한잔 : 유흥비/ 외식비? / 간식비??
3)#노래방 : 유흥비? / 문화생활비?
4)#택시비 : 교통비
5)#영업 : 영업비

10년도 더 지난 지금까지, 난 이 지출을 가계부에 기록할 수 없었다. 가계부, 돈 관리 등 유료 강의도 쫓아다니며 그들이 정의한 '답'은 들었지만, 내가 인정할 수 있는 것은 아니었다. 왜냐하면 비슷한 경우로, 마트에서 생필품과 식비, 간식, 옷, 전구 등을 구입하면 난 이들을 어떻게 구분할지 또 물어봐야 하기 때문이다. 남의 틀에 맞추어 내 소비를 그때 그때 물어가며 관리하는 일은 복잡하여 지속할 수 없는 노릇이다. 스스로 납득되고 지속 가능한 심플한 방법이 내게는 필요했다.

초보용 시스템 – 가심비, 단순화

나는 편의점이나 대형 마트에서 쇼핑하기를 좋아한다. 1+1 등의 추가 구성은 왠지 수지맞았다는 좋은 기분을 선물해주어서인지, 먹고 싶은 음료보다 추가 구성 음료를 선택하는 것으로도 난 만족감을 느꼈다. 그런 나에게 '싼 것보다 맛있는 것을 선택하며 자존감을 높이라'는 조언을 해주신 분이 있었다. 지금에서야 적용하게 되는 감사한 조언이지만, 그때의 나는 또 다시 '1+1'을 선택했다.

대중들은 '가성비'라는 이야기를 하며 효과적인 지출을 선호한다. 그것을 정답으로 인지한 많은 이들이 제품들의 '스펙'을 비교하며 유사한 스펙의 물건을 더 저렴하게 선택하며 만족한다. 그렇게 세계는 '샤오미'에 열광했다. 이디야보다 싼 빽다방, 이제는 한 잔에 990원하는 커피 브랜드들이 주변의 커피숍들을 위협한다.

월급은 물가상승률만큼을 반영하지 못한다. 월급은 유지되거나 오히려 낮아지는 추세다. 하지만 삶의 질은 높아지기를 원하니, 당연히 지출 대비 좋은 품질을 추구하는 가성비를 쫓는 것이 옳다. 하지만 시대는 바뀌었고 월급만 타는 것이 아닌 추가 수입을 만들 다양한 기회가 유튜브에 쏟아져 나온다. 아껴야 잘산다는 어른들의 조언은 옳지만, 그보다 더 좋은 방법도 있다는 것을 그들은 모른다. 남의 말만 듣고 믿기보다 우리에게 적합한 방법을 이제는 찾아야 한다. 그래서 나는 가성비가 아닌 '가심비'라는 것을 제안한다.

'둘 중 뭘 사야 하나 고민이 될 때는 비싼 것을 사라.'

더 좋은 물건을 사면 그 물건을 더 귀하게 여기며 더 소중히 사용할 수 있다는 이론이다. 그래서 나는 가성비가 아닌 가심비 (자기만족)를 선택하여 물건을 구입한다. 그 비용이 압도적인 차이를 보이지 않는다면, 내 마음에 더 좋은 물건을 택한다.

더 좋은 재료를 사용해서 더 좋은 품질로 음식을 만들자. "맛있고 좋은 음식이라면 조금 더 비싸게 팔아도 고객은 만족한다." 며 백종원님이 방송에서 사용하셨던 단어, '가심비'. 이 책은 가심비로 지출 항목을 구분하며, 기존 가계부와 완전히 다른 기준을 제시한다.

이제부터 우리는 지출 항목 구분을 두 가지(초보용)로만 구분한다.

잘 썼다 vs. 괜히 썼다

구분 기준은 내 마음에 따른다. 그래서 쓰는 사람에 따라, 또 같은 사람이라도 처한 상황이나 마음 상태에 따라 지출 항목 구분은 달라질 것이다. 갈증이 너무 심해 구입한 음료수 값과 잔돈 바꾸기 민망해서 구입한 음료수 값은 '간식비'라는 항목으로 표현할 수 없다.

내 몸에 맞지 않는 옷은 불편하다. 옷에 몸을 맞춰 입는 특별한 이들도 있지만, 대개 그런 옷을 오래 또 꾸준히 입고 있기란 불편하다. 언제까지 기존의 지출 항목이라는 틀에 내 지출을 맞출 수는 노릇이었다. 혹시 당신도 기존 가계부가 어려워 포기했거나 복잡해서 시작할 엄두가 안 난다면, 지속할 수 있는 단순하고 쉬운 초보용 가계부는 어떨까? 우리는 단순하게 적는다. 기준을 좀 더 구체화해보자.

써야만 했다. O / 그 외(참을 수 있었다.) X

무조건 아끼면 궁상맞다고 사람들에게 외면당한다. 'X^{참을 수 있}^{었다.}' 이것만 골라서 절약한다면 당신의 통장 잔고는 변할 것이다. 나처럼 기존 가계부가 어려운 초보라면, 이 책은 돈에 대한 새로운 판단 기준을 선물해줄 것이다. 내 마음대로 지출 항목을 구분하는 가심비 가계부. '초보용'부터 '중급자'까지 아우르는 가심비 가계부를 여러분께 소개한다.

초보용 가계부의 기준 :
그거 없어도 안 죽는다

평균 수명은 늘어나고 퇴직은 빨라진다. 더 오랫동안 더 나은 삶을 누리기 위해서는 나중의 나를 위해 쓸 돈을 준비해야 한다. 노후를 위한 자금이 아니어도 좋다. 앞서 말했듯이 여행이나 오랫동안 염원한 **소비품목을 위한 저축 계획**을 세워보자. 저축은 분명히 필요하지만 수입 중 '얼마만큼 저축해야 적합한지' 궁금했다.

이 단계에는 내가 '꼭 써야만 하는' 생존지출 금액을 파악하여 저축 가능한 여력이 얼마나 있는지 확인하는 과정을 담았다.

아끼면 안 되는 'O' : 생존 지출

커피는 참을 수 있지만, 밥은 먹어야 한다. 택시를 안 탈 수는 있지만, 그렇다고 차비를 아끼기 위해 버스로 한 시간 거리를 걸어 다닐 수는 없다. 혹자는 집이 멀어서 회사 앞에서 자취를 하며 월세를 내야만 하고, 학자금 대출을 상환해야 하는 이는 남들보다 나가는 돈이 더 많다. 이렇듯 각 사람마다 지출해야만 하는 필수 금액은 차이가 있다.

커피가 없으면 죽을 것 같다고 하지만, 사실 커피를 마시지 않아도 사는 데 지장은 없다. 'O'는 생존에 직결된 지출만 적는 것으로, 내게 너무나 소중한 커피라도 'X'로 구분하는 게 옳다. 총수입에서 '반드시 써야만 하는 지출=생존 지출'을 제외하고 남는 금액은 얼마일까? 써야 할 건 쓴 뒤 저축이 가능한 나만의 기준을 확인하는 것이 저축의 가장 적합한 시작이었다.

내 나이대^{40대} 평균, 직장 동료의 저축 수준이 궁금했다. 뒤지기 싫어서 그 평균 이상 저축하기도 했다. 3:3:3:1^{단기:중기:장기:보험}이라는 이론도 맞추어 배분해보았다. '남들이 그렇게 하니까' 따라 하며 각종 금융 상품을 종류별로 가입했던 나의 과거를 돌아보면, 이 비율로는 꾸준히 저축할 수 없어 모두 해지하였고 오히려 손해를 보게 되었다.

단기	중기	장기	보장
30%	30%	30%	10%
예금/절세형 상품	국내/해외펀드	변액보험	보험

투자 기간별 효과적은 금융자산 운영 방법

지독하게 참으면 될 것이라는 의지는 스트레스가 쌓이면서 꺾였고, 쌓여가는 잔고를 보며 더 버텨보자 생각했지만, 이 또한 미처 예측하지 못한 변수가 생겨 적금을 자꾸 깨야 했다. 대응할 여력이 없으면 계획된 시스템은 지속 불가능해지고 그 상실감에 요요가 찾아온다. 나의 첫 돈 관리는 잘하고 싶은 좋은 마음에서 시작되었지만, 그 욕심은 오히려 좋지 않은 습관이 되어버렸다. 그래서 사회 초년생에게 첫 돈 관리의 중요성을 강조하며 이야기한다. '나를 먼저 알자.'

시중에는 부자가 되는 수많은 방법들이 즐비하다. 하지만 어느 정도 수준의 안정감이 있어야 시작할 수 있는, 현재 내 상황에서는 비현실적인 방법들일 뿐, 내 입장에서 실천 가능한 것을 찾을 수는 없었다. 사회 초년생 때 사기를 당해 생존 지출까지 아껴야 했던 그때의 나는 결코 실현할 수 없는 방법뿐이었다. 돌이켜보면, 하고 싶은 일을 하며 아낀다고 궁상을 떨지 말고 가족이 써야 할 필수 지출 마련을 위해 더 버는 방법을 찾는 것이 옳았다. 내게 적합한 내 기준을 몰랐기 때문에 잭팟만 쫓으며 더 중요한 것들을 잃었다.

가계부는 나 스스로 노력하고 있다는 자기위안을 위해 작성되어서는 안 된다. 누구에게 보이려는 것이 아니기에 '내 통장의 잔고가 나아지는 것'이라는 분명한 목적을 가지고 보다 쉬운 아래의 대안을 제시한다.

O	X
어쩔 수 없는 지출 (안 쓰면 죽는다)	그 외 모든 지출

초보용 가계부 (지출 항목 양자택일형)

영화 〈아이언맨〉의 실제 모델, '일론 머스크'를 알고 있는가? 그는 테슬라모터스^{CEO}, 스페이스엑스^{CEO}, 솔라시티^{회장}를 책임지는 대표로서, 그 또한 돈에 대한 현실적인 고민을 했던 때를 방송에서 언급한 적이 있다. 그가 창업을 준비하기 전에 가졌던 현실적인 고민은 '망하면 어떡하지?'였다. 그리고 그는 본인이 생존할 수 있는 최소한의 금액$^{생존 자금}$이 얼마이며, 스스로가 그 돈으로 얼마나 버틸 수 있는지를 확인하기로 했다. '하루 1달러면 되지 않을까?'라는 조금은 막연한 설정으로, 그는 대형마트로 갔고 하루 '1달러×30일=30달러어치' 냉동 핫도그와 오렌지를 구입했다. 그리고 한 달 동안 그것만으로 생활했다. 그는 이 일이 좋고 컴퓨터만 있다면 많은 것들을 할 수 있었기에, 이 한 달 이후에도 별 스트레스 없이 버틸 수 있겠다는 것을 새삼 깨달았다. 그리고 그는 '그래도, 한 달에 30달러는 벌 수 있지 않겠어?'라고 생각하며 사업에 뛰어들었다.

"1달러 프로젝트는 누가 시켜서 한 게 아니었습니다. 스스로가 한계까지 경험해봐야 현실적인 답이 나올 때가 있거

든요. 생존 문제가 해결되고 나니 어디서든 원하는 건 하면
된다는 확신을 얻었죠."

O : 이 지출은 꼭 필요한 것인가?',
X : 하면 좋고 아니어도 되는 것인가?'

나는 일론 머스크의 30달러를 '생존 지출'이라 정의한다.

OX 가계부가 기존 가계부와 다른 점은 초보자용이라는 것이
다. 나는 시중의 가계부를 상급자용으로 본다. 어렵기 때문이다.
가계부는 단순하고 쉬워야 했다. 세상에는 나와 같이 숫자에 약
한 사람들이 더 많으며, 초보자도 꾸준히 할 수 있어야 하기 때
문이다.

예를 들어보자. 차로 한 시간 거리의 출근 거리를 위한 차비,

돈을 아끼자고 새벽부터 자전거에 올라탈 수 없으니 이 지출은 'O' 필수 지출이다. 그러나 지각해서 택시를 탔다면….

나의 편의를 위해 추가되는 모든 것은 일단 'X'다. 밥만 먹고 어떻게 사느냐고? 일단 밥만 먹어도 얼마가 필요한지 알고 난 뒤 간식비를 계산하는 것이 옳다. 1단계는 매우 빡빡하게 계산한 필수 지출이 아닌 생존을 위한 지출 비용을 계산한다.

대출 이자 같은 경우도 'O'로 설정할 수 있다. 다만 편의를 위해 구입한 전자제품 할부 금액으로 빠져나가는 카드비는 'X'가 된다. 이런 전자제품에는 건조기, 공기청정기 같은 것을 둘 수 있겠다. 있으면 편하지만, 없다고 살림이 되지 않는 것은 아니기 때문이다. 카드값을 내지 않으면 신용불량이 되니까 반드시 필요하다고 우기던 그 사람도 생각난다. 우겨도 안 된다. 집을 살 돈이 없어서 월세를 살기에 지출되는 월세는 'O' 지출이다. 다만 과하게 지출되어 저축할 여력이 없는 규모라면 집을 축소하는 게 옳다. 그럼에도 거주할 곳은 반드시 필요하니 일단은 'O' 지출에 적는 게 맞다.

초보자인 당신을 위한 'OX 가계부'가 제안하는 첫 번째 가계부 양식을 공개한다. O와 X만 구별해서 적어도 되니, 양식은 자신이 쓰기 편한 쪽으로 자유롭게 변형해 써도 무방하다. 중요한 것은 내 소비 항목 중 어쩔 수 없는 지출은 O, 그 외는 X로 표시한다는 점이다.

날짜	내용	O (어쩔 수 없는 지출)	X (그 외)
01.27(월) ~ 02.02(일) 중	저녁(비빔밥)	6,500	
	아메리카노		4,500
	교통비	1,800	

일단은 적어보자. 영수증을 챙길 필요도 없고, 생각이 안 난다며 자책하며 중도 포기하지 않아도 된다. 익숙해질 때까지는 어딘가에 기록해보자. 어떤 항목이 반드시 '써야만 하는지' 인지되는 것만도 분명 큰 수확이다.

이번 주, 이번 달은 O^{생존 지출}가 얼마나 나오는지 비용을 취합하면 더 좋다. 가계부를 구입할 것도 없다. 핸드폰 앱이나 책상 달력, 들고 다니는 플래너나 포스트잇에 적어도 상관없다. 당신이 쓸 수 있게 가장 쉬운 방법으로, 지속할 수 있게 당신만의 방법을 찾는 과정을 습득하는 게 우선이다. 틀에 매이지 말자.

다이어트 가능 구간

팀끼리 경쟁을 한다면 뒤 순서가 유리하다. 앞 팀이 얼마나 달성했는지 확인한 다음 내 목표를 정하는 것이다. 앞 팀의 달성률은 명확한 목표가 되고, '저만큼은 넘겨야지.'라는 구체적 기준이 생겨 목표가 명확해지고 의지도 확고해진다.

다이어트도 마찬가지다. 막연하게 살을 빼는 것이 아니라, 몇 킬로그램을 빼겠다는 명확한 목표가 우선이다. 그래야 다이어트 성공지수가 높아진다. 지출을 얼마까지 줄이겠다는 목표를 설정하자는 얘기다. 그러나 무리해서는 안 된다. 처음에는 의욕이 넘치고, 빠르게 목표를 달성하고 싶어지니 초반에 내가 할 수 있는 것 이상으로 지출 다이어트를 계획할 수도 있다. 그 계획은 오래가지 못한다. 첫 달에야 강한 의지와 초인적인 노력으로 계획대로 될 수도 있다. 다만, 사람에게는 보상 심리가 있다는 점을 기억하자.

내가 그렇게 참았는데, 이번 달에는 이 정도는 써도 되지 않을까, 하는 마음이 조금씩 생겨날 것이다. 초보용 'OX 가계부'는 내가 건강하게 다이어트할 수 있는 지출 다이어트의 기준을 계산하는 방법이다.

다른 사람의 기준에 흔들리지 말 것

신입사원 강의 중 많이 받는 질문이 있다. '사회 초년생은 월급 몇 퍼센트를 저축해야 하는가?'라는 것이다. 취업 후 저축을 하겠다던 성실한 그 친구는, 재테크 책에 쓰여진 '3:3:3:1(단기:중기:장기:위험대비)'의 비율을 실천하려 은행, 펀드, 연금, 보험에 이 비율대로 가입했다가 모두 해약했다. 일찍부터 미래를 준비한다는 것은 기특한 생각이지만, 부모님이 그 친구 명의로 대출을 받아 갚아야 할 돈이 많았던 터라 그 비율은 그에게 맞지 않았다.

똑같은 월급을 받는 동기니까 저축도 동일한 비율로 해야겠다고 생각할 수 있다. 나도 그랬으니까…. 하지만 학자금 대출을 받으며 취업을 준비한 나와 출근 힘들까 봐 회사 앞에 오피스텔을 얻어주는 부모를 가진 그 친구의 저축 가능 금액은 분명히 다를 수밖에 없다. 아니, 달라야 한다. 다름을 인정하고 내게 적합한 저축 가능 범위를 확인하자.

한정적으로 혜택이 있는 금융 상품도 내 상황에 맞지 않는다면 보류하는 것이 좋다. 수익률이 좋아 보이고 '다음 달부터는 이 좋은 조건이 없어진다'는 그 영업맨의 이야기가 진실이라 하더라도 흔들려선 안 된다. 그 이유는, 금융 상품은 가입도 중요하지만 만족스러운 결과를 얻을 때까지 유지할 수 있어야 한다는 점 때문이다. 빠르게 목돈을 마련하기 위해 필수 지출까지 아끼며 적금, 펀드, 보험에 올인했던 과거를 후회한다. 수익률이라는 숫자만 보고 투자했지만, 지속할 수 없어서 손해가 컸기 때문이다. 그리고 무리한 저축 과정에서 써야 할 돈도 못 써서 궁상을 떨며 내 평판도 잃었다.

더 참고 더 빨리 이루려는 좋은 욕심에 박수를 보내지만, 일단은 나를 알자. 내가 매달 써야만 하는 금액은 얼마인지, '일론 머스크의 1달러'와 같은 생존 지출 비용은 얼마인지부터 말이다. 유지 가능한 플랜인지 스스로를 돌아보는 시작이 먼저여야만 한다.

 # 생존 지출 : 일론 머스크의 1달러. 살기 위해 써야만 하는 나의 필수 지출을 파악하여 한계의 최고치를 알아보자.

 # O : '생존 지출'의 표기 방법. 반드시 써야만 하는 필수 지출을 표시한다. '안 쓰면 죽는다'는 기준을 세우자.

 # X : 'O' 지출 외 모든 항목. 최소한의 생활비 외 모든 항목은 'X'로 동일하게 표기한다.

이 금액만큼은
남겨야 한다

의학 발달로 인해 우리는 원치 않아도 오래 살게 될 것이고, 세상 경제는 우리가 일하고 싶다 하더라도 그 전에 퇴직을 강요할 것이다. 수입 없이 살아가야 할 미래의 나를 위해서는 저축이 필요하다.

수고한 나를 위해, 어떻게 될지도 모를 미래가 아닌 지금의 나를 위해 사용하는 지출의 가치도 이해는 된다. 하지만 미래의 나를 책임져줄 사람은 없다. 자기 자신 외에는 아무도 나를 도와주지 않는다. 과거와 현재의 내가 미래의 나를 도울 것이다.

모든 게 O이거나 모든 게 X인 사람

가심비라는 기준을 가지고 지출 구분을 '내 맘대로'라고 정의하고 나니, 이런 오류가 발생했다. 어떤 이는 자신의 모든 지출이 'O'라고 한다. 자신은 소중하다나…. 반대로 어떤 이는 모든 항목이 'X'란다. 자기 때문에 가족이 고생하니, 자신이 쓰는 모든 돈이 아깝단다. 그래서 그 정의를 조금 더 구체적으로 해보자.

'이거 아니면 죽나?'

이 질문을 통해 진짜 생존에 필요한 최소한의 금액으로 기준을 명확히 하자. 일론 머스크가 아무것도 먹지 않고 한 달을 살 수 없어서 설정한 하루 1달러(오렌지와 핫도그), 즉 생존을 위한 나만의 '지출액' 설정을 위해, 한번 즈음은 매우 빡빡한 기준으로 O, X 지출을 구분해볼 필요가 있다.

극한의 경제적 어려움으로 인해 생존 지출까지도 아끼려고 애써본 경험이 있었다. 이렇게 하면 주변에 사람이 떠나게 되고 스스로 자괴감에 빠진다. 매우 위험한 짓이었다. 신입 사원들이 물어보는 '월급의 몇 퍼센트를 저축하느냐'. 이 시작을 위해 우

리는 초보용 가계부인 OX 가계부의 목적을 생각하며 성실하게
항목을 적어보고 찾아야만 한다.

궁상맞지 않게 살 수 있는 최소 금액 정하기

이 금액만큼은 지켜야 궁상 떨지 않고 사회생활을 할 수 있는
나만의 생존 금액은 얼마인가? 그리고 진로도 고민해보자. 그
금액을 안정적으로 벌 수 있는 직업인지 아닌지. 열심히 하면 부
자가 될 줄 알았다. 하지만 직업별 유리천장이 있었기에 난 직업
을 바꾸어야만 했다.

OX 가계부로 내 기준점을 그려보자. 미래의 나를 위한 결단
의 시작이 된다. 사장은 직원의 워라벨을 고민하며 업무를 지시
하지 않는다. 우리는 월급을 타는 대신 모든 에너지를 회사에 빼
앗긴다. 직장인은 퇴근 후 돈 관리, 미래 관리에 투자할 만한 여
분의 에너지를 가질 수 없음을 알고 있다. 우리는 자신이 소모되
는 이곳을 탈출해야 하고 이를 위해서는 돈으로부터 자유로워져
야만 한다. 그래서 회사는 우리가 떠나지 못하도록 딴 생각을 하

며 돈을 관리할 만큼의 에너지를 남겨두지 않으려 한다. 그럼에도 불구하고 우리는 어떻게든 돈을 관리해야 한다.

지금은 일단 가장 심플한 것부터 실천해보자. 힘들지 않으면 근육이 생기지 않는다. 애써야 남는 게 있다. 처음은 힘들 것이다. 내가 왜 이렇게까지 해야 하나 생각도 들 것이다. 나는 이미 경험자로서 확신을 가지고 이야기할 수 있다. 그 고통은 충분히 가치 있는 열매로 나의 미래에 편의와 품격을 제공해준다. 이 가계부로는 더 나은 내일을 반드시 이루어낼 수 있다.

OX 가계부 개요

OX 가계부로 자신의 생존 지출 금액을 확인합시다. 당신의 소비 지출을 쉽게 제어해줄 가계부가 될 것입니다. 의지가 강해 더 많은 것을 해보려는 열정은, 마음만 받겠습니다. 우리는 지속해야 하기에 당장은 가장 쉽고 간편한 방법부터 시작하려 합니다.

1단계 초급편 OX 가계부에서는 지출 내역을 단 둘로 나누어 정리합니다.

O : 지출 해야만 했다.
X : 그 외의 모든 지출

대략적인 'O, X 지출' 구분 예시	
O	X
써야만 살 수 있는 지출	O 지출을 뺀 모든 금액
예) 월세, 공과금, 평균 식대, 대출 이자, 차비 등.	O 지출을 제외한 모두! (커피 없이 못 살아요?? X 안 먹어도 안 죽어요.)

내가 정의하는 'OX 지출' 구분			
O		X	
항목	금액	항목	금액
합산액 :		합산액 :	

1. 기록합시다.

- 이번 주, 이번 달, 나만의 '써야만 하는' O. 생존 지출 내용을 적어봅시다.

- 며칠에 무엇을 샀는지는 중요하지 않습니다.

- 핸드폰이나 플래너 등 내 손에 가까운 곳에 기록하는 습관을 가집시다.

기간	내용	O (써야만 했다)	X (그 외 ALL)
01.27(월) ~ 02.02(일) 중	밥	6,500	
	커피		2,500
		써야만 하는 기간별 패턴을 확인하자.	내가 의지로 아낄 수 있는 구간이다.

OX 가계부 기록 예시

2. 목적

- 생존 지출액 확인 : 이 금액만큼은 있어야 한다. 아끼는 것은 정
  도가 있다!! (아껴 써도 지금 수입에서 한참 부족하다면 아끼는 게 아
  니라 더 벌어야 하는 것이 맞다.)

3. 방법

지출은 O와 X로 구분하여 적는다

기간별 사용된 '생존 지출(O)'액을 구별한다.

이 금액이 과하면 수입을 늘려야 한다(현실직시).

X 금액에서 어느 정도 비율을 저축할 수 있을지 고민해본다(추후

다룰 중급자용 'ABC 가계부'에서 아껴야 할 항목을 확인할 수 있으니, 일단은 생존에 필요한 절대 금액만 확인해보자).

4. 기대효과

- 생존 지출액 확인 : 얼마만큼 아낄 수 있는지 저축 범위를 확인한다.
- 중요하다 생각했는데 '없어도 죽지는 않는구나.'를 확인할 기회가 생긴다.

2장

골라서 아끼는 가심비 가계부

같은 월급을 받는데 왜 저 사람은 여유 있고, 나는 항상 빠듯할까?

음악 듣는 것을 좋아해서 이어폰에 욕심을 냈다. 정말 갖고 싶은 것은 너무 비싸고 부담스러워서 나름 괜찮은 대체품을 구입하여 사용했다. 그러나 새로운 것을 갖게 되었다는 설렘보다 희망하는 그것을 얻지 못했다는 아쉬움에 물건 관리는 소홀해진다. 이후에도 돈을 모아 결국 그 제품을 구입한 뒤, 기존 제품은 헐값에 중고 장터로 넘긴다. 가성비를 따지며 갖고 싶은 것보다 저렴한 것을 선택한 나는 같은 종류의 제품을 두세 개씩 가지고 있었지만 내 동생은 꼭 갖고 싶은 것이 아니면 참고 돈을 모아서 결국 그 하나를 소중히 관리했다. 10년 넘게 그 제품을 활용한 그는 충분히 본전을 뽑으며 현명한 소비를 했다.

반복 지출과 소비 패턴

지출하고 나서 내용을 기록할 때 늘 자책이 뒤따른다. 후회되는 지출들은 반복되기 마련이고, 정리하고 나면 그 패턴에서 일관성을 발견할 수 있다.

"같은 월급을 받는데, 왜 저 사람은 여유 있고, 나는 항상 빠듯한가?" 바로 이 소비 패턴에서 답을 발견할 수 있다. 똑같은 월급을 받는 직장 동기이지만 쓰는 패턴이 다르고 통장 잔고의 차이는 갈수록 편차가 심해지는 것이다. 첫 월급을 어떻게 쓰는지에 따라, 다시 말해 처음 3~6개월 신입사원 때 갖게 되는 지출을 어떻게 인식하느냐에 따라 소비 패턴이 정해진다. 결혼 뒤 3~6개월도 마찬가지다. 두 사람이 새로운 환경에 적응해가며 소비 패턴이 반복되고 정착된다. 익숙해진 지출 습관을 개선시키려면 의지만으로 불가하다. 배울 수 있다면 학원이라도 다니고 싶지만, 이 시대는 모아놓은 종잣돈을 투자하는 기술만 알려

줄 뿐 종잣돈을 실제 모으는 스킬은 가계부 작성으로 종결될 뿐
이다.

    반복되는 지출을 찾아보자. 성공한 누군가의 이야기는 듣기
에는 좋지만, 내게 적용하려 하면 어딘지 다른 점이 있다. 설명
할 수 없는 무언가를 설명하려 애쓰지 말고 나 자신의 상황을 기
록하며 반복되는 후회 요소와 타이밍을 체크해보자. 지출하는
항목은 매우 다양하지만 우리는 그것을 단순하게 바라보며 구분
할 수 있어야 한다. 어떤 상황에 내가 후회를 많이 하는지 알아
챌 수 있다면 우리 통장 잔고에는 변화가 일어난다.

    예를 들어 직장에게 불편한 일을 겪은 뒤 스트레스 해소차 지
른 소비, 야근 뒤 야식, 주말 저녁이나 비가 오면 외로워지고 생
겨나는 모임 등이 그러하다. 이 타이밍에 취미 활동을 만들거나
발전적인 무언가로 시간을 사용한다면 스트레스 해소와 함께 지
출은 줄어들어 돈을 관리하는 데에도 효과가 있다. 어려운 일이
다. 이는 단순히 참는 것으로 이겨낼 수 없다. 반복되는 상황과
소비 패턴을 파악해야만 돈을 모으는 데 방해되는 변수를 최소
화할 수 있다는 사실을 기억해야만 한다.

    지출 항목 분류가 중요한 게 아니라 내가 이렇게 지출하는 것

이 옳은 것인지 고민하도록 만드는 지출 기록부. 그것이 바로 중급자 ABC 가계부다.

내 소비 패턴을 개선시키기 위해 후회를 줄여주는 가계부를 지금부터 만나보도록 하자.

가성비 vs. 가심비

대부분의 어른들은 하고 싶은 것을 마음껏 누리면서 살지 못했다. 남의 시선이 중요했기에 자발적인(?) 예의범절을 강요받았다. 상대에게 어떻게 비춰지는지가 가장 큰 잣대였기에, 그들은 남에게 보이는 것을 중요하게 생각한다. 그래서 효율적인 업무 방법보다 야근을 중시하는 꼰대가 되어버렸고, 그들이 사용하는 가계부 양식이 바로 시중의 가계부들이다.

안타까운 것은 한 세기가 다 되어가는 지난 유물(?)인 그 가계부들이, 동일한 양식으로 디자인만 바꾸어 올해에도 신간 코너에 버젓이 진열되어 있다는 것이다. '난 이만큼이나 어렵게(상세하게) 돈 관리를 한다.'고 자랑하기에 그만한 양식이 없어서인가? 아니, 그렇게 생각하지는 않는다. 더 나은 것을 고민해주어야 하는 돈 관리의 전문가들은 본인 수익에 이바지할 상품 개발과 판매에 집중해야 하는 것이 현실이고, 그런 양식에 대해 고민할 시간이 없어서였기 때문이리라. 혹자는 고객이 똑똑해지는 것이 불편하기에 더 나은 것을 개발하지 않았을 것이라 이야기하기도 한다. 설득력 있다.

나만의 저축 가능한 범주를 확인했다면, 이제 2단계. '중급자용'으로 진입하자. 아껴야겠는데 어떤 것을 아낄 것인지, 가성비가 아닌 가심비로 접근해보자. 무작정 아끼는 것이 아니라 돈 쓰고 후회하는 가심비 항목을 정리해봄으로써 내가 저축으로 전환시켜야 하는 구체적인 항목을 탐색해갈 것이다.

A	B	C
만족 지출	애매한데	후회 지출

중급자용 가계부. 지출 항목 삼지선다형이다.
난 지출 항목 구분/정리가 아니라 '불필요한 항목'이 무엇인지 궁금했다.

예를 들어보자. 택시비를 탔다면 가계부에 '교통비'라고 체크되는 기존 가계부의 이 항목과 달리, OX 가계부는 상황마다 다르게 표기한다. 일요일 과음을 하고 월요일 아침에 탄 택시비 1만 원과 목요일 몸살기가 있어서 택시를 타고 퇴근한 택시비는 다르게 표기한다. 작성 기준은 이러하다. **'타임머신을 타고 그때로 돌아가서도 동일한 지출을 할 것인가?'**

자기관리에 실패한 월요일의 택시비는 후회되는 지출로 '택시비 1만 원 후회(C)'라고 적는데 비해, 목요일 너무 아파서 탔던 택시비는 적절했다고 생각하므로 '택시비 1만 원 만족(A)'이라고 적는다. 그러면 가계부 결산 시 지출 항목은 교통비 얼마로 쓰이는 게 아니라 만족 지출(A) 얼마, 후회 지출(C) 얼마라고 정리된다. 우리는 후회하는 지출(C)이 얼마인지 확인하고 그 지출을 적군으로 정의하고 다음부터 피하는 연습을 하자는 것이다.

여기서는 가계부를 적는 목적이 분명하다. 개인적으로 기록하는 것을 좋아하기는 하지만, 가계부 작성의 목적은 지출을 줄이려는 수단, 그 이상도 그 이하도 아니다.

지출만족도 ABC

지출을 기록만 해서는 통장 잔고가 개선되지 않는다. 효과적으로 개선시키기 위해 항목을 구분하여 효과적인 전략을 세워야 하는 것이 가계부다. 시중의 가계부 형식은 어떤 부분을 개선시킬지 매우 구체적으로 보여준다. 그러나 상급자 버전이라 나와 같은 초보자는 유지할 수 있는 것이 아니기에, 내가 할 수 있는 심플한 방법으로 삼지선다형으로 지출 항목을 구분해보았다.

1. A : 만족한다. 시간을 돌이킨다 해도 또 소비할 만하다.

2. B : 애매하다.

3. C : 후회한다. 타임머신을 타고 그때로 돌아간다면, 이 지출
   은 안 한다!

ABC 구분법, 관점 바꾸기

명절이면 감사한 분들에게 선물을 하며 감사함을 표현하는
미덕을 난 발휘하지 못했다. 사회 초기 만났던 이름이 가짜였던
그 XX 덕분에 하루 세끼 밥 먹는 게 불가능했기 때문이다. 경제
적 어려움 탓에 주변에 사람은 모두 떠나가지만, 그 가운데 진심
으로 나의 자립을 지원해주신 선배님이 계셨다. 늘 감사한 그 마
음을 표현하고 싶었지만 쪼들리는 환경에서 무언가 표현하기는
현실적으로 어려웠다.

주말 부부였던 선배님이 따님을 만난다는 금요일 저녁, 무언
가 드리고 싶던 차에 치킨 광고를 보고 쿠폰을 선물했다. 대신
다음 주는 한 끼씩만 먹으며 다이어트(?)를 실천했다. 내 형편을
아셨기에 왜 이런 짓을 하느냐고 화를 내고 전화를 끊으셨지만,
잠시 후 고맙다는 메시지를 주시며 마음을 받아주셨다. 밥값이

없던 그때, 그 일주일은 유난히 배가 고팠고 500원이라도 더 싼 밥을 찾던 그때로 내가 다시 돌아간다 해도, 난 치킨 선물을 또 하고 싶다.

'10월 11일. 치킨(선배) : 22,000원 - A(만족)'

지출 항목을 구분하는 관점을 바꾸어보자. 시중의 가계부에는 간식비나 외식비, 접대비 등으로 기록하겠지만 나는 이 지출을 '만족(A)'이라고 기재한다. 선배님은 이 지출을 멍청한 짓(C_후회)라고 말씀하시지만, 내 가족을 먹여 살릴 커리어를 만들어주신 그분께 나는 진심으로 무엇이라도 드리고 싶었기에 그 지출을 절대 후회하지 않는다.

무조건 지출을 참는 것은 지속할 수 없는 행동이다. 지금의 행동은 내 미래에 반영되고, 미래의 나는 그 혜택이나 대가를 누리게 될 것이다. 미래의 내가 괜찮다고 하는 곳에만 지출을 실천하겠다는 평가기준인 가심비로 세 가지(A_만족, B_애매, C_후회) 지출 기준을 만들었다. 사람마다 다르고, 상황마다 다를 것이다.

어느 날 후배가 저녁에 상담 신청을 해왔다. 여자 친구와 싸웠

다며 술을 마셨고, 난 그 주정을 받아주는 역할이다. 삼겹살에 소주를 한참 마시는데 이야기할 환경이 되지 않아서 다른 곳을 찾아야 했다. 먹으라고 할 때는 입맛이 없다더니 나와서는 배가 고프다는 후배를 데리고 치킨 집에 들어가서 치킨을 주문했다. 치킨이 나왔을 때 후배의 여자 친구에게 전화가 왔고, 그놈은 인사도 없이 그녀를 만나러 나갔다. 이런… 이 치킨은 어떻게 한담.

'2월 19일. 치킨(후배baby) : 18,000원 - C(후회)'

시중의 가계부는 선배와의 치킨과 후배와의 치킨을 동일하게 표기한다. 나는 가계부를 적는 게 목적이 아니었다. 얻어맞은 뒤 통수 때문에 생긴 그 상처를 메우기 위해 돈을 모아야 하는 나는, 피곤함에도 꾸준히 가계부를 적었다. 그래야 한다는 주변 분들의 추천으로 견뎌냈지만 시간이 늘어날수록 내가 왜 이걸 쓰고 있는지 도저히 답을 내릴 수 없었다.

우리는 분명한 목표를 가지고 기록에 임하자. 후회되는 'C' 지출을 파악하고 그 상황을 반복하지 않도록 애써야 한다. 우리의 적군을 명확하게 정의하고, 그로부터 내 지갑을 보호해야만 한다.

사람들은 내가 'A'라고 적어놓은 것을 아끼라고 할지 모른다. 내 돈은 내 마음대로 쓸 거다. 그 결과도 내가 책임져야 한다. 당신들의 왈가왈부하는 이야기보다 내가 돈 쓰고 후회하는 횟수를 현실적으로 줄임으로써 지출 후 만족도를 높여준다. 어떤 이들은 지출하는 모든 것을 'A_만족'이라고 적는 사람들도 있다. 나를 위해 벌었으니 나를 위해 쓰는 게 마땅하다는 그의 이야기에 공감한다. 그러나 옛 말씀(?) 중, '덮어놓고 쓰다가는 거지꼴을 못 면한다.'는 이야기가 있다. 지금 버는 돈을 내가 다 쓰는 게 맞지만, 나는 죽을 때까지 돈 때문에 일하고 싶지 않다. 지금 버는 돈은 지금의 내가 쓰는 게 맞지만, 미래의 나와 내 사랑하는 사람들도 함께 쓰도록 배려해주어야 한다. 가심비의 구분은 당신이 하는 것이 맞지만, 미래의 당신이 함께 정하는 것이 옳다.

#지출상황 : 음료수1

Q. 엄청나게 더운 날. 너무 목이 말라서 단숨에 해치웠던 그 음료수. 당신은 그 지출을 어떻게 평가하시겠습니까?

1. A   2. B   3. C

날짜	내용	금액(원)	ABC	잔액
18.08.12	음료1	1,200	A	-

ABC 가계부 구분 예

#지출상황 : 음료수2

Q. 구청에 서류를 발급받으러 갔습니다. 요즘은 자판기처럼 생긴 서류발급기가 다 해주네요. 앗~ 동전을 넣어야 하는데 바꿔달라 말하기 민망하네요. 음료수 하나를 구입하며 잔돈을 바꾸고 서류를 발급받았습니다. 당신은 이 지출을 어떻게 평가하시겠습니까?

1. A   2. B   3. C

날짜	내용	금액(원)	ABC	잔액
18.12.13	음료2	600	C	–

ABC 가계부 예시

tip
- '음료'만 적으면 후회 정도의 파악이 되지 않는다.
- '39도 폭염. 만족스러운 음료 한 모금'(음료 이름이 중요치 않다).

ABC 가계부, 저축 금액을 알려주다

중급자용 'ABC 가계부'는 당신의 후회되는 지출을 찾아 저축할 금액이 얼마인지를 정해주는 가계부입니다. 허튼 돈이 지출되는 이유는 쓸 돈이 있어서 그렇습니다. 후회되는 C 지출의 평균액을 산출하여 월급날 먼저 저축하여 지출 한도를 줄여봅시다. 쓰던 대로 하다 보면 이런 소리를 듣게 됩니다. '고객님, 한도 초과입니다.'

'OX 가계부' 중급 단계에서는 지출 내역을 '삼지선다형'으로 정리합니다.

타임머신을 타고 지출하던 그때로 돌아갔다고 가정해봅시다. 다시 기회를 준다 해도 그 지출을 실천할 것입니까?

A : 만족. 또 지출할 것이다.

B : 애매. 또 고민되겠네.

C : 후회. 미쳤냐. 안 쓴다.

30 (日)		31 (月)		1 (火)		2 (水)	
지출내용	지출금액	지출내용	지출금액	지출내용	지출금액	지출내용	지출금액
A:		A:		A:		A:	
B:		B:		B:		B:	
C:		C:		C:		C:	
合		合		合		合	

• 주간 작성 시작일은 일요일로 한다. 주말 지출이 대부분 높으므로 먼저 기재한다. 일요일 지출을 자각하면, 절제를 해야 할 사명감에 불타게 될 것이다.

• 가심비를 기억하자. 지출 항목 구분의 기준은 내 만족도! (보편적 가성비와 다른 내 기준)

ABC 가계부에 지출을 적기 전에 다음 시트를 활용하여 내 지출 항목을 먼저 정리해봅니다.

A (만족지출)	타임머신을 타고 과거로 돌아가 지출을 선택할 기회가 온다 해도 난 이 지출을 반복적으로 행할 것이다. – 시간을 돌이켜도 지불할 가치가 있는 지출(고정/생존 지출 포함).
	당신의 'A' 지출은 어떤 항목이 있는지 구체적으로 적어봅시다.
Q.	# 월세, 대출이자 등 # # # # #

B (애매한걸)	A 지출과 유사하다. 다만, 타임머신을 타고 과거로 간다면 금액을 줄이도록/ 조정하도록 할 것이다. – 필요하기는 하지만 아쉽거나 애매한 지출(A와 C, 선택 고민 시).
	당신의 'B' 지출은 어떤 항목이 있는지 구체적으로 적어봅시다.
Q.	# 개인차 매우 심함 # # # # #

C (후회지출)	다시 기회가 된다면 피해야 할 지출에 C를 표기 후 별도 관리. 이 기호의 평균 금액을 쓸 수 없도록 제어하는 선(先)저축 가계부. – 돈 쓰고 후회되는 것! 반복하고 싶지 않은 지출(지출 제어 항목)
	당신의 'C' 지출은 어떤 항목이 있는지 구체적으로 적어봅시다.
Q.	# 술, 빵, 커피, 다이어트, 약 등 # # # # #

미리 내 지출을 구체적으로 적어본다.

1. 기록합시다.

- 지출 내용을 A(만족), B(애매), C(후회)라고 구분 짓습니다.

- 구입 제품명은 중요치 않습니다. 다만, 'C' 항목은 '왜 후회되는지' 그 이유를 메모해야 실수를 반복하지 않습니다(예를 들어 택시비, 몸살 : 38,200원 - 'A').

- 기록이 익숙하지 않으니 A, B 지출은 놓칠 수 있습니다. C는 놓치면 안 됩니다!

2. 목적

- 후회 지출 확인 : 돈 쓰고 후회하는 미련함은 반복하지 말아야 합니다.

- 후회 관리 : 1) 어떤 항목을 2) 어떤 주기에 3) 얼마나 지출하는지, 확인 후 개선합니다.

3. 방법

- 후회 내역을 기록합시다. 참아야 할 목록을 구체화합니다.

- 후회 지출 대부분은 내가 좋아하는 것일 확률이 높습니다. 필기구를 유난히 좋아하는 저는 문방구에 갈 때마다 펜을 구입

했고 책상에는 똑같은 펜이 서너 개씩 있습니다. 정작 갖고 싶은 것은 비싸서 구경만 하던 어느 날, 꼭 갖고 싶었던 펜을 결국 세트로 구입했고, 그 이후 저는 필기구를 구입하지 않게 되었습니다. 꼭 필요한 것과 쓸데없는 것을 구분한 결과입니다.

기간	내용	A (만족)	B (애매)	C (후회)
19.10.11(금)	도넛			3,500

중급자용은 날짜와 요일을 적는다. 특히 요일이 중요한데, 요일별 반복 지출을 확인하기 위함이다.

4. 기대효과

- C(후회) 지출 항목 확인 : 피해야 할 항목이 분명해집니다.
- C(후회) 지출 평균 금액 확인 : 매달 변하지만 매년 그 달은 비슷합니다.
- 가심비를 통해 아껴서 저축할 금액을 설정할 수 있게 됩니다.
- 가심비 좋은 일에 사용할 여력이 생깁니다. 삼돌이 시스템을 활용해 목적 자금을 마련할 수 있습니다(103쪽 참조).

후회 지출을
파악하는 것이 관건

:

'지출 항목'이 아니라
'후회 정도'를 구분해보자

후회되는 것만 적어도
결과는 개선된다

절약하는 방법 중 선배들이 추천하는 필수 행동이 있다. '장을 보러 가기 전에 구입할 목록을 적고 그것만 구입한다.' 후회는 즉흥적이고 감정적인 지출을 할 때 생긴다. 좋아하는 것, 이는 취미 활동과 연결된 지출일 확률이 높기에 우리는 꼭 갖고 싶은 것을 목적에 맞도록 구분하여 리스트를 만들어야 한다.

축구를 좋아하던 그 친구는 축구 양말이 수십 개였다. 나도 몇 개 선물 받았다. 다른 용품은 고가이지만 양말은 싸니까 구입 욕구를 채우고자 양말을 매번 구입했고, 무엇을 구입했는지도 모르니까 똑같은 제품들이 있어서 이렇게 선물을 준다. 참다가 오히려 다른 것을 더 구입하는 사례는 주변에서 자주 보게 된다. 당신이 이번 주 구입한 물건 중에 이런 것들은 없었는지 살펴보아야 한다.

매번 참을 수 없기에 우리는 시스템을 만들어야 한다. 계산을 할 때마다 절제를 외치기보다, 그 물건을 자주 구입하는 그곳의 방문을 절제해야 한다. 나는 지출 제어 실현을 위해 가계부를 작성하기 시작했지만 그를 통해 통장 잔고 증대라는 성과까지 이루어낸 적은 없었다. 지출은 기록되어야 하겠지만 매일이 아니라 후회되는 것만 적어도 결과는 반드시 개선된다.

함께 찾아보자. 돈 쓰고 후회하는 지출_C

'ABC 가계부'를 통해 제어해야만 하는 'C'를 골라서 기록하는 과정을 소개해본다.

이 시스템을 통해 초보자였던 내가 지출을 관리하며 갖게 된 변화는 지출 전 한 번 더 생각해보는 습관을 갖게 되었다는 것이다.

지출 항목을 구분하여 시중의 가계부를 성실히 적어가며 자기 위안을 받는 분들은 이 시스템에 적합하지 않을 수 있다. 그런 분들에게는 시중의 예쁜 가계부를 추천드린다. 이 시스템은 지출 전 제어하는 근육을 키우고자 함이지 빠짐없이 목록을 기재하자는 데 목적을 두지 않았다. 위험 목록이 나열되면서 지갑을 열기 전 우리는 참아야 하는지 더 빠르게 판단하게 될 것이고 기존에 비해 지출액은 분명히 줄어들 것이다. 앞으로 가계부 없이도 지출 제어를 할 수 있는 능력을 갖고 싶다면 이 시스템은 매우 적합한 도구가 될 것이다.

쓸 때는 써야 하는 돈이 있다

지출 패턴 탐색

무조건 아끼며 스트레스를 받아오며 힘들어했다. 그래서 쓸 때는 쓰려고 만든 시스템이 이것이다. 써야 할 것을 위한 돈을 확보하기 위해 우리는 돈 쓰고 후회하던 경험을 기록하여 그 내용을 지속적으로 제어해야 한다. 그 시작이 바로 지출 살생부를 적는 것이다. 내가 반복적으로 후회했던 '필기구' 구입, 어떤 수강생분이 말씀하셨던 밥 대신 '빵', 수입과 비현실적인 취미 생활 등 제한해야 할 상황과 제품을 인식하고 적어두자. 버킷리스트를 현실화하기 위한 경제적 여력을 만드는 살생부(지출제어 품목 리스트)를 적어두고 분명히 인식하자.

후회를 방지하는 효율적인 지출 습관

매번 돈 쓸 때마다 참으며 스트레스 받기보다 반복되는 후회지출 구간을 체크하여 염두에 둔다면, 구입하기 전 그 지역에 대해 몸이 먼저 거부반응을 일으킬 것이다. 지출은 삶을 영위하는 데 반드시 필요하지만, 써야 할 만큼의 수입을 만들어내기 위해 우리는 삶을 희생하고 투자해야만 한다.

돈이 많다면 고민 없이 써도 되겠지만, 나와 같은 대부분의 사람들은 제한된 수입으로 효율적인 지출을 실행해야 하므로 반드시 써야 할 돈을 충분히 확보하기 위한 지출 제어를 실천해야 한다. 기왕 체크한다면 그 지출이 반복되는 시기를 적어보자. 정기적인 후회지출 시점을 파악하여 재난 알림과 같은 울림으로 스스로를 긴장시켜보자.

지출 이벤트 정의

생각해보니 작년에도 몇 년 전에도, 가계부 포기 시점에 공통점이 있었다. 매달 꾸준히 지출 계획을 실천하던 중 생각지도 못한 이슈 때문에 나는 카드 할부를 선택해야 했고, 그때마다 내뱉었던 푸념은 '계획에도 없는 지출 때문에 저금하기 싫어졌다'는 것이었다. 매달은 아니지만 매년 있는 지출 이벤트들이 정리되니 가계부 중도 포기했던 타이밍이 5월, 8월, 11월이라는 것을 확인할 수 있었다. 이때는 매년 100만 원이 넘는 추가 지출이 발생했었고 적다 보니 내가 왜 3개월 할부를 하는지도 알게 되었다. 나는 이때를 '죽음의 달'로 정의하고 해결하기 위한 고민을 시작했다. 내가 준비했던 과정이 여러분에게도 도움이 될 것이다. 함께 따라해보자.

1) 먼저 공휴일을 체크한다. 달력에 쓰인 날짜 위에 샌드위치로 실천할 수 있는 휴가 계획 등을 기분 좋게 적어보자.

2) 가족 기념일 및 지인 경조사를 체크한다.

3) 52주 주말 중 친구/가족들과의 꽃놀이, 계절별 맛집 탐방 등 이동할 계획이 있는 지출 많을 구간을 체크하자.

4) 각 이벤트 밑에 작년에 지출했던 금액 및 지출 예정 금액을 적어보자.

현찰이 준비되어 있지 않다면 이때는 늘 카드로 할부를 끊어야 한다. 그래서 카드 할부를 줄이기 위해 적금을 가입했다. 8월은 고정지출 외에 130만 원의 이벤트 지출이 예정되어 있다. 분명히 추가 지출될 것이므로, 빵(도넛)이라는 C(후회 지출)를 줄이기로 결단하고 10만 원 적금을 가입한다. 이 적금을 내기 위해서는, 자연스럽게 들어가서 구입하던 빵집을 의식적으로 지나쳐야 한다. 그렇게 빵과의 만남을 멀리하고 1년이 지나 7월 말이 되면 메시지가 온다. '고객님의 적금이 만기되었습니다.' 7월말 입금되는 120만 원＋이자는 CMA 통장에 넣어두고, 8월 이벤트 지출을 이 카드를 사용하여 카드 할부를 줄여간다.

이렇게 한 달을 겪어내니 다음 11월의 자동차 보험을 방어하기 위한 작전에 돌입해야 한다. 투자할 것이 생겼으니 포기할 것을 선택해보자. 나는 생긴 것과 다르게 아기자기한 소품을 좋아하여 차량에 이런저런 소품을 붙이고 올려둔다. 이런 소품들을 구입하려 빈번하게 다이소를 즐겨 찾았다. 그래, 다이소다⋯. 즐거움이었던 다이소 방문을 절제하고 5만 원 적금에 가입하여 1년 뒤 60만 원 체크카드로 자동차 보험료를 납입하면 카드 할부액은 또 줄어든다. 줄어들면 기분 좋게 추가 지출할 이벤트를 찾게 되고, 이를 위해 포기할 것(C_후회지출)을 찾아낸다. 이것은 선순환이 되어 다음에 가심비 좋은 지출을 위한 지갑을 채울 수 있게 된다. 잊지 말자. 가계부를 쓴다고 부자가 되는 것은 아니다. 절제하며 궁상 떨자고 가계부를 쓰자는 것도 아니다. 만족스러운 지출을 위해 후회되는 지출을 줄이자는 것이다. 돈 쓰고 후회한 경험은 반복하지 말자.

폭탄제거 GoodBye C

매달 한정된 수입을 가지고 더 나은 생활을 추구하기 위해서는 지출을 사전에 계획하고 나름 제어하는 시도를 해왔을 것이다. 그러나 어린 시절 동그라미에 그려놓은 방학 시간표를 매번 실패하듯, 계획은 슬프게도 늘 실패로 돌아가고 만다.

매달 지출 항목은 자동이체를 설정한 후 없다 치면 되지만, 격월이나 1년에 1, 2회 일어나는 비정기(?) 지출은 매년 발생하는 반복되는 이벤트임에도 불구하고 예산이 펑크나는 위험요소가 되곤 한다. 자동이체 설정이 안 되어서 그런지 늘 갑작스럽다는 느낌이 드는 지출이지만, 수년간의 시행착오 끝에 하나하나 적어보니 반복되는 패턴이 있었고, 의외의 지출을 최소화할 수 있었다.

일상 업무만으로도 삶이 피곤한 우리가 이런 내용 하나하나를 별도로 사전에 체크해가면서 계획적으로 살아내기란 어렵다. 매번 가계부를 쓰자는 것이 아니라, 연말, 연초에 1년 계획을 세울 때 한 번 정도는 비정기 지출을 찾는 데 시간을 할애해 정기지출로 만들어버렸다.

그리고 그 해결 방법으로 비상금 통장을 활용하였다. 1년에 한두 번 내야 하는 고액의 이벤트를 대비하기 위해 모아둔 비상금/월 적금 통장을 활용하니 예측을 벗어나는 변수에 대응할 수 있게 되었다. 예를 들어 매년 발생하는 자동차 보험료 100만 원을 위해 월 10만 원의 정기 적금을 가입하여 대비했다. 사고 없이 자동차 보험료가 할인되면 잔액으로 비상금을 쓰면 되고, 할부로 결제하던 보험료를 일시납으로 처리할 여력을 갖게 되니 마음도 신용도 전보다 여유로워진다.

개인적으로는 매달 반복적으로 진행되는 틀에 변수가 생기면 계획이 깨지는 것 같은 마음이 들어서 기존 시스템 유지도 하기 싫어지는 성격이라, 애초에 변수를 제어하는 비상금 통장에 정기적으로 적금을 가입하여 본래 틀에 변화를 주지 않으려고 애쓴다. 적금화는 변수를 남기지 않게 되니 안정화를 꾀할 수 있고, 남는 금액은 비상시 사용, 돈이 조금 모이면 적금 통장으로 이동, 가족 외식을 하는 등으로 가심비가 좋은 지출에 활용하였다. 모든 시스템은 마음의 안정감에서 더욱 탄탄해지는 것이라 생각하기에 비상금 통장을 추천해본다. 비빌 언덕이 있어야 버틸 힘도 생긴다.

잡아라 'C'

중급자용 'ABC 가계부'의 작성 목적은 마피아, C를 찾아내는 작업이다. 내 아름다운 미래를 돈 때문에 힘들게 하는, 돈 쓰고 후회하게 만드는 그 'C'를 찾아 제거하는 작업이다.

절약을 하는 방법은 크게 두 가지가 있다. 1) 지출할 때마다 가성비를 쫓아 저렴한 것을 선택하거나 소비 참기 2) 지출하는 횟수, 그 자체를 줄이기다. 1)의 방법은 고난이도에 해당하니, 일단은 2)의 방법, 돈 쓰고 후회하는 그 항목을 찾아내어 반복되는 그 순간을 참아보도록 하자.

나 : C(후회 지출)는 찾아보셨나요?

미혼 여성 직장인 : A 만족, C 후회로 구분해서 적어보긴 했어요.

나 : C(후회)에서 가장 자주 반복되는 항목이 뭐였나요?

미혼 여성 직장인 : 제가 빵을 좋아하더라구요.

나 : 근데, 빵이 왜 'C'가 되었나요?

미혼 여성 직장인 : 저는 빵을 자주 먹어서 배고프지 않은데, 식사 시간
은 정해져 있으니 또 밥을 많이 남기게 되고, 이따 또 빵을 먹으
니 밥을 두 번 먹는 듯한 기분이에요. 다이어트 한다고 필라테스
도 다니는데, 살찌는 원인은 빵인 거 같아서.

나 : 가계부 적는 거 힘드시죠?

미혼 여성 직장인 : 네…. 그래도 하긴 해야겠죠.

나 : 그럼 빵 먹는 것만 적어보는 건 어떠세요?

미혼 여성 직장인 : 빵 먹는 것만요?

나 : 먹고 후회되는 C(후회), 빵만 적어보고 그것만 줄여보면 어떨까요?

목표는 심플하고 구체적이어야 했다. 수많은 C(후회) 지출 중
대표적인 'C'를 타겟팅한다. 3장에서는 후회 지출 'C'를 구체화
하고, 그 한 놈만 정복해보는 전략 전술을 수립하다 보면 자연스
레 지출은 줄어들고 통장 잔액은 늘어난다.

나를 유난히 좋아해주시는 분이 있었다. 요즘 꽈배기와 팥도넛, 핫도그를 튀겨서 저가에 판매하는 가게들이 있는데, 그 집 사장님이 그러했다. 난 팥도넛을 특히 좋아하는데, 금액도 저렴해서 한두 개 먹는다고 부담스러울 정도는 아니라고 생각했다. 그래서 난 그 가게를 그냥 지나친 적이 없었다.

그러나 가성비 좋게 나를 만족시키던 그곳이 내게는 가계부의 'C_후회' 구간이라는 것을 꽤 나중에 알게 되었다. 구입은 선뜻 하지만 가계부에 표기할 때면 늘 'C'에 체크하는 것을 눈으로 확인하고는, 도넛을 보는 눈이 조금은 달라지기 시작했다. 특히 액수보다 C 지출 빈도수에 놀랐다. 출근하는 날은 매일 도넛를 먹었고, 사무실 동료들도 커피 타임에는 나의 도넛 선물을 기다렸다. 사장님이 왜 내게 그렇게 친절하셨는지 이제야 알겠다.

지출 다이어트를 선언했고 'C(후회) 지출'인 도넛 가게를 지날 때는 일부러 길 건너로 돌아서 지나가는 등 나름의 추가 노력이 필요했다. 통장에 큰 변화가 일어난 것은 아니지만 5만 원 이상의 잔액과 더불어 운동하지 않고도 7킬로그램 체중 감량을 선물로 얻어냈다.

C 지출 기록

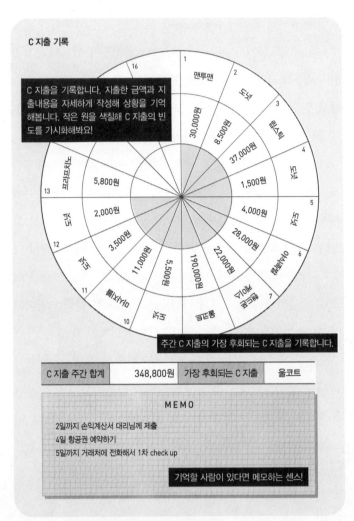

C 지출을 기록합니다. 지출한 금액과 지출내용을 자세하게 작성해 상황을 기억해봅니다. 작은 원을 색칠해 C 지출의 빈도를 가시화해봐요!

주간 C 지출의 가장 후회되는 C 지출을 기록합니다.

1 맨투맨	30,000원
2 도넛	8,500원
3 맥스터	37,000원
4 도넛	1,500원
5 도넛	4,000원
6 아이스크림	28,000원
7 올리브영	22,000원
롱쿠르	190,000원
9 도넛	5,500원
10 아이스박스	11,000원
11	
12 도넛	3,500원
13 도넛	2,000원
프리마켓	5,800원

| C 지출 주간 합계 | 348,800원 | 가장 후회되는 C 지출 | 올코트 |

MEMO

2일까지 손익계산서 대리님께 제출

4일 항공권 예약하기

5일까지 거래처에 전화해서 1차 check up

기억할 사람이 있다면 메모하는 센스!

C 지출에 색을 칠해서 보면 후회 지출이 더 확연히 보인다.

C 지출을 불편하게 기록하면서 한 번 더 생각해보자. '어떻게 했어야 이 지출을 없앨 수 있었는가?' 센터에 지출 횟수마다 피자조각처럼 색칠을 하도록 그려보았다. 색칠되는 횟수를 일단 줄여본 후 금액 다이어트도 도전해보자.

시중의 가계부를 적으면서 느꼈던 점은, '이렇게 항목을 구분해서 적는 것 말고 내가 해야 할 것이 무엇인가?'라는 것이었다. 지루함을 참아내면서 어렵게 적고 있는데, 통장 잔고에 변화는 없고 가계부를 정리하는 시간은 꾸준히 소비되고 있었다. 시간도 돈이다. 이렇게 작성하는 시간을 줄이기 위해 아예 후회 지출은 하지 않아야 한다. 내가 이번 주 사용한 358,300원은 없어도 내 삶에 큰 문제는 없을 지출이었다. 이 돈(358,300원)으로 차라리 갖고 싶던 시계를 하나 살 걸….

매년 반복되는
지출 이벤트 체크하기

지출 제어를 하다가 포기하는 이유는 계획에 변수가 생겨서 틀어지기 때문입니다. 다달이 고정적으로 생기는 지출과 달리 '연 1회, 격월, 분기별' 이벤트들은 매년 반복되지만, 비정기 지출로 인식되어 뜻하지 않게 나가는 부담스러운 돈이 됩니다. 매년 반드시 일어나지만 비정기적인 나의 이벤트들을 하나하나 가시화시켜 변수를 최소화시켜 봅시다.

'지출 이벤트'는 당신의 정기적인 평균 지출액을 월별로 파악하게 하여 사전 대비할 수 있게 하므로 지출 변수가 줄어드는 효과를 줍니다.

월별	지출내용	금액	월별	지출내용	금액
1 90	신정/구정) 부모님용돈 : 아이들, 조카 용돈 아버지 생신 겨울 휴가)	200,000 100,000 100,000 500,000	7 50	아이들 방학 계절맛집(여름)	300,000 200,000
2			8 120	여름휴가) 아내 생일 큰딸 생일	500,000 500,000 200,000
3 10	신학기) 학용품 등 어머니 생신 계절맛집(봄)	100,000	9 50	추석) 작은딸 생일	300,000 200,000
4 10	장인어른 기일	100,000	10 40	결혼기념일 계절맛집(가을)	200,000 200,000
5 60	어린이날) 어버이날) 스승의날) 장모님 생신	200,000 200,000 100,000 100,000	11 280	자동차보험료 가족종합검진	800,000 2,000,000
6 0			12 80	크리스마스) 아이들 선물 송년모임 아이들 방학 계절맛집(겨울)	200,000 100,000 300,000 200,000

3단계 '지출이벤트 제어'에서는 매년 반복적으로 일어나는 이벤트를 가시화시키고 평균적으로 지출되었던 금액을 기재하는 겁니다. 내가 인지하고 있던 지출 외에 어느 정도 추가 지출이 발생할지 예상할 수 있다면 미리 대비할 수 있습니다.

저의 경우 매년 11월 자동차 보험료와 가족종합검진으로 인해 280만 원의 연간 고정 지출이 있습니다. 카드 할부도 부담스러워 검진을 건너뛰곤 했지만, 건강에 대한 걱정이 커지며 이를 실천하기 위해 자금 마련의 방법이 필요했습니다.

그래서 저는 매년 10월 말에 적금을 듭니다. 월 20만 원의 적금×12개월= '240만 원의 적금 만기액'이 나옵니다. 40만 원 정도는 카드로 결재해도 큰 부담이 없고, 적금을 납입하는 동안에 제 신용도 올라갑니다. 저의 자금 마련에 치명적인 지출이 발생하는 11월과 같은 달을 '죽음의 달'이라고 표시하여 적금으로 대비합니다.

1. 기록합시다.

1. 연휴, 주말 등 달력 이벤트 체크.

2. 샌드위치 휴일 등을 체크하여 휴가 등 지출 이벤트 체크.

3. 가족 생일, 기념일 등 주변 경조사 체크.

4. 체크된 이벤트별 전년도 지출액 산출 및 예상액 기재.

5. '죽음의 달'을 방어할 C 지출의 적금 전환.

2. 목적

- 카드 할부로부터 자유로워지고 저축 습관을 유도하기.

- 이벤트가 중복되면 행사를 종합하여 여행을 가기(예를 들어, 추석 과 음력 어른 생신을 묶어 제주도 여행).

- 갑작스러운 비상금 필요 시 준비된 예비자금 활용.

3. 방법

'1. **기록합시다.**'에 기재된 다섯 가지 내용 체크 외, 변수를 이기는 완벽함을 위해 비상금 통장을 추가로 추천합니다.

12월		예상소요비용:	700,000
일자	**내용**		**금액**
25	크리스마스		300,000
	연말		200,000
	방학(간식, 여가 등)		200,000

4. 기대효과

- 적금 만기 등의 긍정적 경험

- 카드 할부 최소화

- 적금을 통한 신용등급에 긍정적 영향 : 대출이자율 완화 등

위클리 모니터링

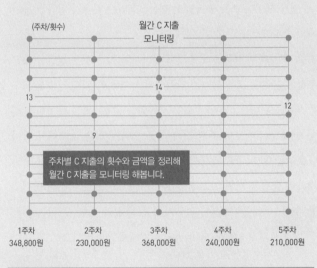

| 월간 기록 | 1 | 2 | 3 | 4 | 5 | 6 | 7 | 8 | 9 | 10 | 11 | 12 |

(주차/횟수)

월간 C 지출
모니터링

13

14

12

9

주차별 C 지출의 횟수와 금액을 정리해
월간 C 지출을 모니터링 해봅니다.

1주차	2주차	3주차	4주차	5주차
348,800원	230,000원	368,000원	240,000원	210,000원

C 지출 전체 횟수	54번	C 지출 월간 합계	1,396,800
C 지출 만족도	●●○○○	가장 후회되는 C 지출은?	3차 회식비

다이어트는 스트레스라고 생각해왔습니다. 참아야 하지만 견디지 못하는 내 의지가 약한 것이고, 그 대가로 '살'과 평생 함께하기로 다짐하였습니다.

통장 잔고 제어가 되지 않아서 지출 제어를 고민했고, 이 또한 다이어트와 동일하게 쓰지 말고 참아야만 하는 공통점이 있었습니다. 먹을 때마다 스트레스 받던 저는, 그 먹는 것을 구입하는 동안에도 스트레스를 받게 되었습니다.

지출 후 가계부 항목을 구분해서 하나하나 적는 것은 정말 귀찮고 복잡했습니다. 그게 견디기 힘들어서 사야 하는 것도 참고 빈도수를 줄였습니다. 당연히 지출액이 줄었습니다. ABC 가계부를 십수 년간 진행해보니 후회(C) 항목은 오히려 작은 금액에서 많이 나오더군요. 지출은 습관이고 후회하는 횟수가 많다는 문제를 인지하여 행동을 제어하고, 금액 줄이기는 나중으로 미루면 당신도 할 수 있지 않을까요? 어렵게 가지 맙시다. 유지할 수 있는 쉬운 방법, 초보니까 단순한 방법 먼저 실천해보면 어떨까요?

변신!
통장잔고

한눈에 보는
지출 제어 원칙

언제?-C 지출 빈도

'다이어트는 평생 하는 것이다.'라는 누군가의 이야기에 공감한다. 앞서 언급된 바 있겠지만, 내가 다이어트를 지속할 수 있는 방법은 먹는 횟수를 제어하는 것이었다. 그리고 먹는 시간대, 먹는 타이밍을 일정하게 만들려 노력했다. 매번 먹는 음식별 칼로리를 계산하고 먹을 때마다 스트레스 받는 것은 내가 지속할 수 없는 방법이므로, 칼로리와 상관없이 빈도수를 활용해 10킬로그램이 넘게 다이어트에 성공했다.

지출 제어를 위한 추적 장치를 여러 군데 설치해보기를 추천한다. 일단 핸드폰 알람에 지출 타이밍을 설정하여 사용해보자. 나름의 바이오리듬이 형성되어 변수를 최소화하는 데 도움이 될 것이다.

어디서?-C Zone

가계부 앱 제작 회의 중 위치 기반으로 만들고 싶은 내용이 있었다. 나의 후회 지출이 많이 이루어지는 장소를 '위험 구간^{Hazard} ^{zone}'으로 설정한 뒤, 반경 500미터 안에서 머무를 때 핸드폰으로 경고음이 울리도록 하는 것이다. 대부분의 후회는 즉흥적인 감정에 휘둘려서 결정되는 경우가 많기 때문에, 이를 대비하기 위해 미리 마음을 준비시켜 방어벽을 만들어두니 결과값도 개선된다는 내용이었다. 사람의 의지는 변덕스럽고 컨디션에 따라 변화무쌍하다. 그래서 우리는 후회되는 지출이 빈번한 그곳을 기억하고 대체할 수 있는 곳을 지정해두어 효과적인 결과를 만들 수 있다. 다이어트를 위해 도넛 가게를 피해 헬스클럽으로 동선

을 돌려놓는다면, 줄어드는 통장 잔고 대신 치수 변화가 내 눈에
나타나게 될 것이다.

무엇을?-가계부 작성은 언제까지?

강의를 다니다 보면 수강생들로부터 가계부를 잘 적고 있는
지 질문해오는 경우가 많다. 결론부터 이야기하면 나는 가계부
를 쓰지 않는다. 가계부 항목을 수십 개로 구분하여 더 완벽한
지출 제어를 만들어내던 때가 있었고 누구보다 열심히 작성했다
고 자부한다. 그러나 어느 순간부터는 누락된 지출 항목 하나를
찾느라 많은 시간과 정성을 사용하고 있었고, 가계부 작성이 목
적이 되어버린 나를 발견했다.

"가계부는 매일 쓰시나요?"라는 질문에, "지출 제어는 매일 합
니다."라고 답변한다. 가계부는 내 통장 잔고를 늘리기 위한 도
구일 뿐 목적이 되어서는 안 된다. 우리가 실천하고자 하는 지출
제어는 성실하게 매 순간 지출을 정리하며 스트레스를 받는 것
이 아니라, 지출 시 후회되었던 과거를 반복하지 않으려는 반응
을 만드는 것이다. 통장 잔고를 늘리기 위해 피해야 할 나만의

'C' 목록 제어를 지속적으로 실현시키기 위해 하였다. 그 항목을 구체화하여 그곳에 위험^{Danger}이라고 표기해두어 우리는 후회하는 지출을 최소화할 수 있을 것이다.

어떻게?-시스템 운영 사례

1. 내 지출의 키워드

요즈음 나의 지출 시 고려하는 키워드는 '관계'다. 막연하게 지출을 제어하고 통장 잔액을 늘려가는 것이 아니라, 사람을 얻고 사회적인 위치를 더 크고 분명하게 만드는 데 적합한 지출을 하는 것이다. 따라서 지금 내 가심비 평가 기준은, '사람을 얻는 지출인가?'라는 것이다. 이렇게 지출 시 기준을 설정하여 맨 위에 적어두는 이유는, '월, 분기, 연 단위'로 내 지출을 모니터링하면 내가 잘한 지출(A)과 후회되는 지출(C) 기준이 매번 바뀌기 때문이다.

이 지출 제어 시스템을 만든 취지는, 내가 무언가 하고 있다는 자기만족을 위한 것이 아니라, 실제로 변화되는 통장 잔액을 경험해보고 싶다는 목적에 따른 것이었다. 작성만으로 만족하는 것이 아닌, 모니터링과 개선하는 것이 매우 중요하다. 가심비의 기준, 즉 내 평가 기준이 되는 지점을 적어두지 않는다면, 모니터링 때마다 왜 이 항목이 'C(후회)'인지 스스로도 헷갈리게 된다. 이번 기회가 나 스스로를 정의해보는 좋은 기회로 만드는 것은 어떨까? 왜냐하면 이 지출 제어 시스템은 이제까지 경험해보지 못한 나만의 만족도 레벨을 평가하는 '가심비 가계부'이기 때문이다.

2. 생각하는 3초의 시간

나는 특정 목표 값이 추가되지 않는 한 가계부를 적느라 시간을 보내지 않는다. 대신 지출 직전에 생각하는 데 3초의 시간을 사용한다. 이 지출 후 후회했던 기억이 있는지 생각해본 뒤, 순간적으로 반응하여 물건을 내려놓거나 지출 후 만족도를 스스로에게 설득하는 과정을 가져 후회되는 지출 횟수를 분명하게 조절할수 있기 때문이다. 일론 머스크의 1개월 생존 지출액 30달러처럼 나의 생존 지출액은 얼마인지 설정해야만 수입 대비 생활비, 적금 가능 범위, 여가 생활을 위해 사용할 수 있는 지출 범주를 정할 수 있다. 충동적으로 취미생활을 시작하며 캠핑 장비를 6개월 할부로 구입 후 낚시로 취미를 바꾸는 경우들을 종종 보게 된다.

취미를 위한 지출을 나쁘다는 게 아니라, 더 하고 싶은 취미(낚시)를 위한 지출 금액이 부족하다는 게 문제다. 지출할 수 있는 만큼만 사용한 게 아니라 확실하지 않은 곳에 과도한 지출을 했기에 다음 달, 다다음 달까지 참아야 하는 시기가 늘어나는 것이 문제다. 이는 저축 시스템을 이어갈 멘탈에까지 영향을 미치게 된다. 게임을 하더라도 내 에너지가 얼마만큼 있는지 참고해서 전략을 세우듯 항목별 사용 가능한 나만의 지출 범위를 설정해둔다면, 하고 싶은 것을 더 분명하게 결단할 수 있는 곳에 설 수 있게 될 것이다.

3. 할부 없이 사용하는 예비비

지인들과 커피숍에 가게 되었을 때, 이건 'C(후회 지출)' 아니냐고 물어보신다. ABC 지출제어를 전도하다 보니, 주위에는 나를 제어해주시는 아군들이 생겼다. 그럴 때면, "당신과의 커피 한잔은 내게 'A'입니다."라고 답하고, 그 멘트는 상대를 기분 좋게 만들어 웃으면서 대화하게 만들기도 한다. 단순히 아끼기 위한 지출 제어를 실천하다 보면 부정적인 평가를 받는 경우가 많다. 인색하다거나 궁상이라거나 하는 등. 사람을 얻는다는 것은 더 큰 일을 도모하는 데 큰 힘이 되어준다. 정말 감사한 분에게

명절 선물을 보내고 싶은데 통장 잔고가 부족해서 실천하지 못한 경험이 있지 않은가? 우리는 당장 사용해야 할 통장과 함께 비상금으로 사용할 통장을 별도로 준비해두어야 한다. 이를 '비상예비자금'이라고 하는데, 갑작스러운 지출 이슈에도 카드 할부 없이 처리할 수 있는 현금보유액은 월급의 3배수 정도를 추천한다. 우리는 변수로 인해 계획이 틀어지면 그동안 이어온 관리 시스템에 불신이 생기며 포기로 이어진다. 지속해야 통장 잔고가 변화될 때까지 이어갈 수 있다.

내비게이션 작동 시 가장 중요한 것은 현재 나의 위치다. 목적지를 분명히 하고 효과적인 교통 환경을 제공하는 것도 중요하지만, 출발지가 불분명하면 모든 설정은 변화될 수밖에 없기 때문이다. 미루지 말고 나는 어떤 지출 환경에 서 있는지 내 위치를 파악해보자. 우리는 지속 가능한 시스템이 필요하기에 이 번잡한 과정을 거치고 있으며, 그 이후는 남들은 갖지 못했던 숨 쉴 틈을 만들어낼 수 있다. 예비 공간은 시스템을 완성시키는 데 매우 중요한 요소다. 여유가 없다면 시스템은 절대 만들 수 없다.

6개월마다
원하는 것을 하는 비용

무언가를 지속하는 가장 좋은 방법은 역시 열매를 맛보는 것이다. 몸매 유지에 어마어마한 어려움이 있지만 예쁜 옷을 입고 싶어서 운동을 끊지 못한다는 분이 계셨다. 어느 순간부터 옷의 태가 달라지며 옷 스타일이 살아나는데, 그 예쁨을 포기 못한다는 그분은 아마 지금도 열심히 운동을 하고 계실 것이라 확신한다.

가계부를 쓰고 먹을 수 있는 열매…. 역시 여행이 아닐까 싶다. 물건은 싫증이 날 수 있고 대체제가 있겠지만, 여행은 추억이 평생 남기 때문에 그 무엇보다 훌륭한 만족감을 느끼게 해주는 열매라고 생각된다. 그렇다면 OX 가계부로 어떻게 여행을 더 잘 누릴 수 있을까? 이미 파악하셨을 것이다.

삼돌이 시스템을 적용하여 여행을 준비하는 누군가를 소개해 본다.

가족에게 돈을 보내야 하는 사람

모두에게는 다양한 사연이 있다. 그분도 그러하셨고 지속적으로 친정에 돈을 보내야 하는 입장이었기에 누구보다 여윳돈을 만드는 것은 불가능해 보였다. 우리에게는 시간이 필요하다. 그분 또한 그 시간을 견뎌내는 데 최소 3년 이상의 시간이 걸렸다. 일단 1,000원이든 1만 원이든 조금 더 큰돈을 만들기 위해 돈을 모으며 비상금 형태로 준비를 시켰다. 갑작스러운 사건 사고들이 나의 적금을 깬다는 것을 알고 있기에 일단 비상금 형태로 돈을 모은다. 이후는 조그마한 적금을 시작하여 친정에 보내야 하는 최소한의 비용을 삼돌이 시스템으로 만들며 매월 부담액을 줄여갔다. 월 부담액이 줄어들면서 1만 원씩 적금을 별도로 가입하는 게 가능해졌고, 그분은 정말 실로 오랜만에 30만 원이라는 돈을 가지고 아이들과 춘천에 유명한 닭갈비를 먹으러 다녀오셨다. 누군가에게는 어렵지 않은 이런 이벤트가, 그 가족에게는 일부러 시간을 내서 지방으로 외식을 갔던 좋은 추억이 된다. 이제 남편도 저축을 시작했다며 제주도 여행을 준비한다고 하셨다.

카드 할부로 사고, 할부를 갚고, 다시 할부를 끊는 사람

회사에서 시즌별로 가장 바쁜, 돈을 관리하는 부서에 계신 분과 상담을 한 적이 있었다. 돈에 대한 개념은 역시 나보다 훨씬 뛰어나셨기에 강의에 대한 기대감은 전혀 없었다고 한다. 하지만 지출 관리를 시스템화하는 데 관심을 보이기 시작하여 내가 만든 적금 방법인 삼돌이 시스템을 실천하고 싶다고 하셨다. 그분의 목적은 여름, 겨울 휴가에 연차를 몰아서 길게 여행을 가는 것이었다. 어차피 바빠서 연차를 몰아서 사용해왔기에 기왕 가는 곳, 더 멀리 가보고 싶다는 것이었다. 남들 안 가는 아이슬란드 뭐 이런 곳. 대부분 여행을 가기 위해 카드 할부를 사용하고 근무 기간 동안 할부를 상환한 후 다시 휴가에 카드빚을 지던 그 패턴이 그분에게도 존재했다. 일단 카드를 자르기 위해 적금을 가입했다. 그분이 적금으로 전환하기 위한 C 지출은 조금 달 랐는데, 한 달 30일 카드 사용일을 줄이는 것이었다. 28일만 카 드 사용 후 2일은 어떻게든 현금으로 버텨내고, 몇 달 후에는 25 일만 카드를 사용하고 5일을 현금으로 버티는 식으로 현금 사용 일자를 늘려갔다. 카드 할부는 줄어들고, 그렇게 그분은 적금으 로 여행을 가는 선순환 구조를 가져갔다.

역시 1, 2년 안에는 불가능한 그림이다. 그분은 스스로의 지출 패턴상 카드 할부는 평생의 짐이 될 것이라 포기해왔지만, 6개월 여행을 적금 만기 후 현금으로 다녀온다는 목표를 가지고 하고 싶은 것을 참아냈다. 지금은 아마 다음 장에 소개할 삼돌이 시스 템을 6개월 주기로 맞추어 돈을 모아 여행 경력을 더 올리고 계 시지 않을까?

후회는 낮추고, 만족은 높이고

비워진 곳은 무언가로 다시 채워진다. 후회를 비워낸 자리 에, 저축 성과를 누릴 수 있는 만족도와 지속할 수 있는 시스템 으로 채워보자.

다음 장에서는 후회 지출 'C'가 제거된 빈자리를 메우는 저축 시스템을 소개해본다. 6개월마다 목돈이 마련되는 이름하여 삼돌이 시스템이다. 실천하면 돈이 모이고, 동기부여가 되어야 절약이 지속되니까.

삼돌이 시스템

삼돌이 시스템: 2년마다 240만 원의 여윳돈이 생긴다

몇 년 전 모두를 감동시켰던 돈 모으는 시스템으로 풍차 돌리기라는 방법이 각광받았다. 매월 10만 원씩 적금에 가입하며 매달 하나씩 적금을 늘려 가다 보면 1년 후부터 매월 120만 원씩 (이자 제외) 만기액을 탈 수 있으며, 이는 은행 이자를 가장 완벽하게 받는 법이라고 소개받았다. 매월 월급에 이 금액이 더해지면 난 연봉 1000만 원 이상이 추가되는 효과를 갖게 되는 것이라서, 할 수 있는 것도 더 많아질 것 같았다.

좋은 방법이라 하여 나도 시도해보고자 하였으나 시작 전부터 고민에 빠진다. 한 달에 하나씩 적금이 늘면 결국 나중에는 월 100만 원 이상을 적금액으로 넣어야 하는데 난 당장 3, 40만 원 정도밖에 적금에 가입할 여력이 없었다. 나는 그렇게 이 방법을 시도도 해보지 못했다. 계산이 느린 게 아니라 오히려 빨라서 포기하는 게 이런 경우인가 보다.

그래도 좋은 방법이라는데, 나도 해보고 싶었다. 그러나 아무리 적금을 돌려봐도 마지막에 넣어야 할 적금 120만 원을 난 만들 수 없었다. 주변에서는 몇 달만이라도 하면 되지 않겠느냐고 말했지만, 그려진 그림 앞에서만 실천하는 타입이라 결국 삼돌이라는 시스템을 고안했다. 후회되는 '3순위_삼순이' 지출을 돌려서 만드는 목돈이라는 뜻이다.

예금풍차 돌리기와 유사하나 차이가 있다. 40만 원으로 적금액의 시작과 끝이 꾸준하다. 다만 시작하는 적금 기간에만 차이가 있다. 월 120만 원 적금이 어려우니, 40만 원으로 하되 네 개의 적금을 들고, 만기 날짜는 적금 네 개를 모두 다르게 투자한다. 2년이 지나면 월 40만 원으로 6개월마다 240만 원씩 만기액으로 추가 수입처럼 사용할 수 있게 된다. 다음 그림을 살펴보자.

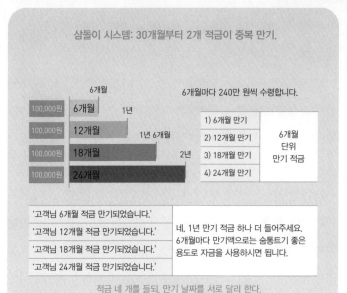

삼돌이 시스템: 30개월부터 2개 적금이 중복 만기.

6개월마다 240만 원씩 수령합니다.

100,000원	6개월
100,000원	12개월
100,000원	18개월
100,000원	24개월

6개월
1년
1년 6개월
2년

1) 6개월 만기	
2) 12개월 만기	6개월
3) 18개월 만기	단위
4) 24개월 만기	만기 적금

'고객님 6개월 적금 만기되었습니다.'
'고객님 12개월 적금 만기되었습니다.'
'고객님 18개월 적금 만기되었습니다.'
'고객님 24개월 적금 만기되었습니다.'

네, 1년 만기 적금 하나 더 들어주세요.
6개월마다 만기액으로는 숨통트기 좋은
용도로 자금을 사용하시면 됩니다.

적금 네 개를 들되, 만기 날짜를 서로 달리 한다.

 일반적인 적금 최소액이 10만 원이라 위와 같이 설정하였고, 최근 카카오뱅크 등은 적금 최소액이 자유이므로 여러분이 입금 가능한 금액으로 시작해보면 된다. 그림과 같이 설정된 10만 원으로 예를 들어보자. 은행에 가서 적금 네 개를 가입한다(은행은 대포통장 등의 이유로 한 번에 네 개 적금을 가입할 수 없으니 증권 회사의 펀드 가입도 좋은 방법이 될 수 있다). 단 적금 만기 기간이 차이가 있다. 적금을 네 개 가입하는데, 네 개의 만기 기간을 다르게 한다.

1) 6개월 만기, 2) 12개월 만기, 3) 18개월 만기, 4) 24개월 만기로 설정하는 것이다. 처음만 복잡하고, 만기가 되면, 이제는 동일하게 1년 만기 적금에 가입하면 된다.

18개월부터는 적금 두 개가 동시에 만기가 되는데, 30개월부터는 12개월 만기 적금 두 개가 동시 만기되어 6개월마다 240만 원의 자금으로 우리는 추가 자금을 활용할 기회가 생긴다. 예를 들면 6개월 단위로 휴가를 맞춰 휴가 기간에 240만 원으로 여행을 가거나 고가의 가전제품을 구입할 수 있다.

이 내용들은 철저히 저축에 재미를 붙이기 위한 시스템일 뿐이고, 이자율 개선과는 관계없는 그림이다. 그런데 삼돌이 시스템을 실천하다 보면 두 가지 재미를 얻게 된다. 하나는 6개월마다 돌아오는 240만 원의 만기액이고, 두 번째는 나의 신용등급의 꾸준한 상승이다.

이 만기액으로 쉽게 결정하지 못했던 가전제품을 살 수도 있고, 꿈꾸던 여행을 갈 수도 있다. 삼돌이 시스템을 구체적으로 알아보자.

가계부 쓰기가 여행 자금 마련이 되다

강의 중 돈을 모으는 이유를 묻다 보면 주택이나 차량 구입, 결혼 비용 등으로 매우 큰 비용을 목표로 저축을 시작하는 경우를 많이 본다. 너무 멀고 현실감이 떨어지는 목표는 좌절감이 되어 돌아온다. 작더라도 성공 경험이 많아야 저축하는 동기부여가 된다.

청강자들이 돈을 모으는 이유 중 성공 확률이 가장 높았던 것은 여행 자금이었다. 그래서 나는 그들에게 2년이라는 시간 투자를 요청하며 월 40만 원 적금으로 매년 2회 해외여행을 할 수 있는 '삼돌이 시스템'을 실행해보기를 권했다.

일단 여행 자금을 만들기 위해 포기해야 할 C(후회 지출)를 찾아보자. 나는 어설프게 주말에 놀러가는 주유비를 C로 지목했고 40만 원 적금을 시작한다.

이 적금은 월 10만 원으로 네 개를 유지해야 하는데, 조삼모사이기는 하지만 나름 정기적인 시스템을 만들어보려 만기일을 의도적으로 조절한다. 월 10만 원 적금은 6개월 단위로 만기 일자를 조절하자.

STEP #1 | 10만 원짜리 적금 네 개를 가입한다.

(각각 만기일을 달리 한다.)

적금 1 ⋯ 6개월 만기

적금 2 ⋯ 12개월 만기

적금 3 ⋯ 18개월 만기

적금 4 ⋯ 24개월 만기

STEP #2 | 이제부터 시작! 만기일이 되면 1년 만기로 새롭게 적금을 가입한다. 6개월 적금이 만기가 되면 1년 단위의 적금을 새로 가입하고, 12개월 만기가 되면 또 새롭게 1년 만기의 적금을 가입하는 것이다. 이렇게 되면, 6개월 단위로 만기가 설정된 네 개의 적금 가입이 완료된다.

STEP #3 | 6개월마다 1년 만기 적금 만기액을 수령하게 된다. 2년 이후부터는 1년 만기×2개= 240만 원씩 안정적으로 수령하게 된다. 만기 일자를 휴가 시즌으로 맞추면 이제부터 휴가 비용은 현찰로 지불.

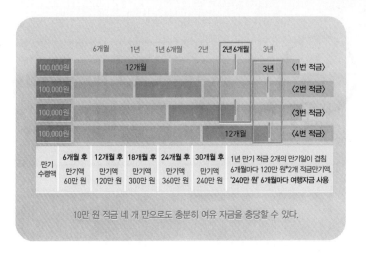

  나는 이렇게 6개월마다 수령하는 금액을 '숨통 자금'이라고 명명했다. 숨 막히는 그곳에서 버텨낸 내가 깊은 숨 고르기를 할 수 있는 자금이라고 느껴졌기 때문이다. 6개월 단위로 수령하는 이 비용의 지출 방향은 다양했다. 위처럼 여행 자금으로 사용된 사례, 고가라서 망설여지던 버킷리스트 구입 비용, 예를 들면 6개월마다 맥북 구입이 가능한 비용이다. 이 맛을 보고 난 뒤 무모한 목표가 생겼다. 40만 원 삼돌이가 아닌 400만 원 삼돌이를 갖는 것이다. 확실히 삶이 달라질 것 같지 않은가? 당장의 수익률을 쫓지 말고 시간에 투자하자. 그리고 그 투자할 금액은 C에서 찾자.

목돈 모으기를 위한
진짜 이론

가계부를 수 없이 포기하면서도 또 다시 써야만 했던 이유가 있다. '돈을 모을 거면 가계부를 써야 한다.'는 다수의 조언 때문이었다. 열심히 일해도 나는 늘 쓸 돈이 더 필요했고, 그 사람들은 나보다 많은 돈을 자랑했기에 그들의 조언을 믿어야 했다. 그러나 이제는 알고 있다. 그들은 절약해서 부자가 된 게 아니라는 사실을….

그들의 시작과 나의 시작은 다르다

꾸준한 수입 위에 절약이 병행되어야 한다. 써야만 하는 개인의 'O' 지출 정도를 넘어선 수입이 안정화되어 있어야만 '통장 잔고를 변화시키는 절약'이라는 의미가 있다. 과거의 나는 절약에 앞서서, 궁상 떨지 않기 위해 '더 벌 수 있는 일'을 찾는 것이 선행되어야 했다. 이 가계부는 개인마다 다른 지출 관리를 효과적으로 하는 방법서이지 부자되는 비법서가 아님을 재차 알린다.

1. 기본 #Normal	돈을 벌어라 < 지속적인 수입 < 그 위에 추가 목돈
2. 더 많이 #Better	돈을 더 벌어라 < 지속적인 수입 < 더 큰 목돈 추가
3. 안정감 #Basic	' ≤ ' 이곳에 지출제어 추가 ' ≤ '

돈 모으는 흐름

이 책으로 도울 수 있는 것은 당신이 만들어내는 '지속적인 수입' 위에 안정감을 위해 필요한 **지출 제어**를 더하는 것이다. 나의 시행착오는 더 큰 '목돈 추가'에 우선순위를 두고 '지속적인 수입'을 등한시했다는 것이다. 시중의 부자되는 방법을 따라하면 그 잭팟이 터지기 전에 '건강', '소중한 사람', '신뢰', '안정감' 등을 잃게 될 것이다.

돈 관리를 시작하는 초보에게 강조하는 결론은 이것이다.

1. 꾸준히 벌어라.

2. 더 벌기 위해 경력을 관리해라.

3. 1, 2와 동시에 지출을 효과적으로 제어하자.

재테크 서적은 세상에 너무나 많다. 시절 좋을 때 500만 원으로 집을 사서 빌딩으로 재산을 불린 누군가의 책을 읽으며, '부모님이 빌려준'이라는 항목에서 더 이상 눈이 가지 않았다. 남편 월급 아껴서 종잣돈을 마련해 부자가 된 누군가의 책을 읽으며, 부부 합산 월 수입이 400만 원도 안 되는데 월세를 내며 사는 평범한 나 같은 사람의 이야기가 아니라는 데에 실망했다.

남편 월급만 500만 원 이상에, 집은 전세로 살아서 고정 지출이 최소화된 그 사람의 성공 사례는 시작이 다르다. 이 점을 짚고 넘어가야 한다. 내가 따라 할 수 있는 시작이 아니었기에 10년이 넘는 시간 동안 할 수 있는 모든 것을 압축해왔다.

부가 수입의 필요성

늘 가계부를 포기하게 되는 원인은 저축 여력이 없는 부족한 수입 때문이었다. 계획을 해도 변수에 대응할 비상금 자체가 없었기에 지속 가능한 돈관리가 어려웠다. 가계부의 주요한 포기 이유인 '지출 항목' 구분이라는 복잡함이 내게 더 와 닿지 않았던 이유는, 지출 구분이라는 이론보다 부족한 지출을 메우는 현실이 우선이었기 때문일 것이라 핑계를 대본다. 부수입을 마련할 방법을 적극적으로 찾기를 권한다.

워크시트

05 현장의 소리

방어 시스템의 주요한 지점은 크게 두 가지입니다. 첫째, 변수가 생겼을 때 기존 계획에 영향을 미치지 않는 비상금으로 안정적 멘탈을 유지시켜야 한다는 점. 조삼모사로 결국 지출하는 금액은 같겠지만 우리는 가심비, 즉 마음의 지출을 강조하는 가계부이니 비상금 통장은 안정화의 주요한 요소입니다.

둘째, 월이 아닌 1년 계획을 그려내어 지출 패턴에 큰 그림을 보는 것입니다. 변수가 예측되어 지출 흐름이 안정화되었습니다. 이 안정화 후 새롭게 만들어낸 표가 다음 표인데, 집안의 소모품 중 냉장고나 TV, 침대같이 금액이 크고 사용 연수가 긴 제품의 구입비용을 뽑아보니 적금을 하나 더 가입하고 싶은 필요성을 느끼게 되었습니다. 표에 있는 제품들의 공통점은 카드 할부로 구입했다는 점인데, 이렇게 미리 교체 예정 시기를 적어보면 2021년 지출이 많아질 것이 예측됩니다. 4, 5, 6번 항목의 730만 원. 엄청난 금액

	제품	구입금액	구입일	교체예정	예상 지출액	희망모델명
1	냉장고	880,000	2015.08	2023.08	2,500,000	얼음정수기 냉장고
2	김치냉장고	650,000	2013.11	2022.11	1,900,000	스탠드형
3	세탁기	870,000	2014.04	2020.04	2,500,000	삼성 플렉시워시
4	TV	450,000	2017.02	2021.11	1,500,000	LG OLED
5	에어컨*2	2,200,000	2014.07	2021.05	3,000,000	무풍 에어컨
6	노트북	670,000	2018.03	2021.02	2,800,000	S. 노트북 Pen S

구매 예상 리스트

입니다. 준비하지 않으면 지금 노트북처럼 가성비를 쫓아야 하고, 구입한 후 사용하는 내내 부족한 가심비에 투덜거리는 상황을 겪어야 합니다. 2년 남았다고 가정하면 24개월이니까, C 지출 중 월 32만 원을 찾아내어 적금 가입을 실천하고 '768만 원'이라는 만기액으로 가전제품 구입 비용을 미리 준비할 수 있습니다. 하지만 이 적금 가입을 당장 실천하지는 않았습니다.

요즘 느끼는 것인데, 전자제품은 물론 침대 매트리스까지 렌털이 가능하고 상조 상품을 가입하면 가전제품을 사은품으로 주는 등의 혜택이 많기 때문에 개인 취향에 따라 다양한 방법으로 위 제품을 준비하면 됩니다.

끙끙대며 쓰는 삶에서
자유로워지길 바라며

어른들은 말씀하셨다. '돈 관리는 어려운 것이라서 부자가 적은 것이다.' '요령은 없으니 참아내고 실행해야 한다'는 그분들의 말씀에 공감은 되지만, 30년 전 어머니께서 작성하셨던 가계부(지출 관리)와 동일한 방식이 지금도 정답이라는 말씀에는 동의되지 않았다. 가심비와 같이 저렴함을 넘어선 선택의 기준이 생긴 지금, 지금 이 시대 초보자인 나 같은 사람들도 쓸 수 있는 심플한 방법이 있어야 된다고 생각되었다. 애쓴다고 되는 것이 아니라 반응적으로 대응되는 시스템을 만들어야 통장에 돈이 모일 때까지 지속될 수 있고, 그래야만 통장 잔고는 자연스럽게 개선될 수 있다고 확신했다.

남들이 말하는 방법은 수없이 따라 했지만 내게는 정답이 아니었다. 내가 할 수 없으면 그것은 좋은 방법이 아닌 것이다. 좋은 방법들도 있었지만 지속하기 위해서는 요령보다 순서가 중요했다.

1) 내 지출 패턴을 보고 인정한다.
2) 매월 지출되어야만 하는 나의 생존 지출액과 시기를 파악한다.
3) '수입-생존지출=생활자금' 범위를 파악하고 저축 비율을 지정한다.
4) 저축하려는 목표를 구체화한다.
5) 저축 시스템을 운영한다.
6) 변수와 지출 주기를 기록한다.
7) 내게 적합한 개선안을 지속 실천한다.

통장 잔고를 늘려보겠다고 가계부 지출 항목을 수십 개로 쪼개가며 작성하던 나를 추억해본다. 셀 수 없이 많은 가계부 포기는 내가 절박하고 간절하지 못하고 의지가 부족한 때문이 아니라 제대로 된 방법을 알지 못해 힘들었던 것이라고 이제는 말할 수 있다. 하루 종일 여러 가지 일을 하며 지쳐버린 내가, 책상에

앉아서 아무리 지출을 정리해도 개선될 여지가 보이지 않았던 노력, 즉 가계부를 적는 그 시간 대신 이제는 미래의 나를 소환하여 물어보자.

"이거 쓰면, 나중에 후회(C)하지 않겠냐?"

열심히 하면 나도 부자가 될 수 있을 거라 생각하며, 하루 18시간씩 지나치게 열심을 가져왔다. 기대하던 금전적 보상과 건강은 챙길 수 없었지만, 이렇게 남다른 근육(내공)을 얻게 되어 책을 집필하는 기회까지 얻게 되었고 누군가의 통장 잔고를 개선시키는 데 나의 시행착오가 활용될 수 있기를 소망해본다.

끝까지 믿고 응원해주신 나의 부모님(김종렬, 이혜인, 김은숙님), 존경하는 김현종 선배님과 내 동생 김재윤(Z스튜디오), 나의 파트너 Andrew, 원성현, 정희진, 김수희, 김현중 & 내가 그 사람이다 생각되는 모든 분들에게 감사를 전하며, 모든 것을 허락해주신 하나님께 영광을 돌린다. 긴 시간 기다려준 이쁜이 세트(일신, 가윤, 건희)에게도 감사와 사랑의 말을 전한다.

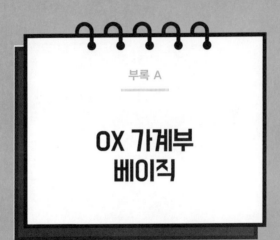

부록 A

OX 가계부
베이직

일간 OX 가계부

MARCH
03
WEEK 10

*WORST
*BEST
*NEXT

S	M	T	W	T	F	S
1	2	3	4	5	6	7
8	9	10	11	12	13	14
15	16	17	18	19	20	21
22	23	24	25	26	27	28
29	30	31				

2 MON

*WORST
*BEST
*NEXT

1. 최악의 지출
2. 최고의 지출
3. 내일의 위험 지출

5 THU

*WORST
*BEST
*NEXT

6 FRI

*WORST
*BEST
*NEXT

3 TUE

*WORST
*BEST
*NEXT

4 WED

*WORST
*BEST
*NEXT

7 SAT

*WORST
*BEST
*NEXT

8 SUN

*WORST
*BEST
*NEXT

월간 OX 가계부

6 JUNE

5월
S	M	T	W	T	F	S
					1	2
3	4	5	6	7	8	9
10	11	12	13	14	15	16
17	18	19	20	21	22	23
24	25	26	27	28	29	30
31						

7월
S	M	T	W	T	F	S
		1	2	3	4	5
5	6	7	8	9	10	11
12	13	14	15	16	17	18
19	20	21	22	23	24	25
26	27	28	29	30	31	

	1	2	3	4	5	6

7	8	9	10	11	12	13

횟수 다이어트 실천!
하루에 여섯 번만 지출하기!

1, 2 : 왕복 차비
3, 4 : 점심, 저녁
5, 6 : 여유 사용 기회

14	15	16	17	18	19	20

21	22	23	24	25	26	27

28	29	30				

• 8월 작성된 ABC 가계부 작성 샘플

날짜	내용	금액(원)	ABC	잔액
			A	
			B	
			C	

• 9월 작성된 ABC 가계부 모니터링 예시

2019년 9월 16일(월) ~ 2109년 9월 22일(일)

A.	지출액 합산 : 321,720원
	메모)
	대출이자… 내야만 하는 어쩔 수 없는 지출이다. 아무리 그래도 이자가 30만 원이 넘다니! 목돈이 생기면 대출부터 정리해야지

B.	지출액 합산 : 97,000원
	메모)
	사야만 하는 물건이지만 발품을 팔았으면 더 싸게 살 수 있었다.
	구입 후회는 없지만 한 군데만 더 비교했어도 30% 저렴했는데…
	꽂히면 사지 말고, 한 번 더 알아보자.

**아직은 혼란스러운
A, B, C 지출 구분**

적어보면서 몸에 익숙하도록 인지해가자.
가계부를 계속 쓸 수는 없으니 몸에 익혀보자.

C.	지출액 합산 : 79,000원
	메모) 뭔 간식을 이렇게 많이 먹었는지… 밥값보다 간식값이 더 나왔다. 밥이 간식이군.

*전월 C 모니터링을 확인해주세요!

Action Plan	더도 말고 하나만 개선시켜 봅시다!
	메모) 월 간식비 줄임. 세 번 중 한 번은 간식 포기한다! 간식비 30만 원의 30% = 9만 원을 줄인 금액을 체크카드에 입금한다. 한도는 제한되어 있으니 어설프게 쓰면 써야 할 걸 참아야 할 것이다.

일별 ABC 가계부 워크 시트

30	〈일〉	31	〈월〉	1	〈화〉	2	〈수〉
지출내용	지출금액	지출내용	지출금액	지출내용	지출금액	지출내용	지출금액
A:		A:		A:		A:	
B:		B:		B:		B:	
C:		C:		C:		C:	
合		合		合		合	

〈후기〉	〈후기〉	〈후기〉	〈후기〉
1) C 지출 비율: %	1) C 지출 비율: %	1) C 지출 비율: %	1) C 지출 비율: %
2) 최악 지출 내용: 금액:	2) 최악 지출 내용: 금액:	2) 최악 지출 내용: 금액:	2) 최악 지출 내용: 금액:
3) 최고 지출 : 내용: 금액:	3) 최고 지출 : 내용: 금액:	3) 최고 지출 : 내용: 금액:	3) 최고 지출 : 내용: 금액:
4) 개선위한 실천사항 —	4) 개선위한 실천사항 —	4) 개선위한 실천사항 —	4) 개선위한 실천사항 —

• 모니터링) 기간별 지출내용 확인

	구분	합산금액	현재비율	이상향
1사분기 (1,2,3월)	O			
	X			
2사분기 (4,5,6월)	O			
	X			
3사분기 (7,8,9월)	O			
	X			
4사분기 (10,11,12)	O			
	X			
1년 지출	O			
	X			

▶모니터링

분기별 'O'
계절별, 분기별 등 주기별로 내가 지출하는 생존지출 평균액을 확인한다. 저축 가능한 금액이 보이겠지만 숨통은 놔두고 저축하자. 지속하는 것이 더 중요하니까.

1) 시기별, 2) 반복되는 지출 내용, 3) 지출 평균 금액

• 모니터링) 1년 지출 내용 확인

	구분	합산금액	현재비율	이상향
2019 총지출	O			
	X			
생존지출 주요항목	지출내용	금액	지출내용	금액
	X			
3사분기 (7,8,9월)	O			
4사분기 (10,11,12)	X			
	O			
1년 지출 총평				
개선을 위한 Action Plan				

각기 다른
재정 상황을 가진
사람들의 시작 지점

돈 모으기 기본 팁과 사례들

돈을 모은다는 것을 막연하게 생각했다. 일단 계속 벌어야 하고, 더 벌기 위해 노력해야 하고, 더 벌어도 부족하니 아껴야 하고, 빚을 빨리 처리해야 한다는 복잡함과 압박감 가운데 시간만 흘러갔다. 결국 통장 잔고는 늘 제자리이며, 그래도 하고 싶은 것은 종종 하면서 산 것 같다. 시원하게 지출하며 즐겼으면 좋겠지만, 그마저 눈치 보며 차선의 차선을 택하다 보니 만족도 또한 떨어졌으나 결국 통장에 잔고는 지금도 부족하다.

돈을 많이 모았다는 이들의 사례들을 찾아보고 그들과 인터뷰를 통해 남모르는 정보들을 종합해보면, '운'이라는 것이 늘 존재했다. '내게는 재물운이 없던데~'라는 생각을 하며 나는 저 사람의 반의 반도 돈을 모을 수 없는 건가 한숨을 쉬었는데 이 같은 생각을 하는 사람들이 내 주변에는 많았다. 결국 우리는 종잣돈이라는 시작점까지 올라서야 했고 그 토대가 있어야만 운이라는 것을 누릴 기회를 가질 수 있는 것이었다.

내가 원하는 것, 아니 종잣돈이라 불리는 최소한의 자금 마련조차도, 책과 언론에 나와 있는 방법으로 만들어낼 수 없었다. 부자가 적은 이유는 종잣돈 마련까지의 설명서가 세상에 존재하지 않기 때문이었다. 결국 인내의 시간은 분명 입력되어야 최소한의 결과를 출력할 수 있다. 그러나 나와 같은 종족은 인내력이 부족하고 지속하는 힘이 약해서 늘 걱정이었다. 선순환이 필요하고 최소한의 입력 값으로 더 나은 결과 값을 얻을 수 있는 시스템 가동을 위해 많은 이들과 고민한 값으로 이 책은 완성되었다. 이제 기간에 따라 자금을 마련했던 이들의 이야기. 이를 완성시키기 위해 그들과 나누웠던 이야기들을 공유해보도록 한다.

은행 활용법

단기 : 1~3년 사이에 사용할 자금 마련

단기로 수익을 만든다는 것은 거짓말이다. 시간이 투자된 만큼 성과는 비례하여 나타난다. 가장 좋은 예가 직무능력이 아닐까 생각된다. 전공 공부는 힘들어서 피해서 공부하던 취준생과 그 일을 더 잘하고 싶어서 전공을 추가로 듣던 취준생의 업무 능력은 대번에 차이가 나타난다. 입사 후 워라벨을 추구하는 신입사원과 삶을 잘 누리고 싶은 만큼 업무 능력을 갖춰야겠다고 생각하며 덤비는 신입사원의 성과는 시간이 갈수록 차이가 난다.

단기 자금은 수익이 아닌 습관을 만드는 것이다. 단기로 이자를 받는 것이 얼마나 큰 부를 형성시키겠는가? 하지만 그 습관이 쌓여서 나중에 종잣돈이 생기고 그 돈을 운영한다면, 모인 금액만큼 큰 차이를 갖게 될 것이기에 우리는 당장의 수익보다 나의 금융 근육에 투자를 해야 한다.

단기 자금을 운영하는 데 가장 큰 리스크는 비상예비자금의 부족이다. 비상금이라고 하는 안정감을 가진 사람은 변수에 유연하게 대응할 수 있지만, 빡빡하게 돈을 계산하며 운영하던 사람에게 발생한 변수는 멘붕으로 이어지며 기존에 운영하던 시스템에까지 해를 입히게 된다. 우리는 월급의 3~5배 정도의 비상금을 CMA 통장에 넣어두고 매일매일 작은 이자를 받아가며 위험 상황을 대비해야 한다. 혹 입사 후부터 부모님께 매달 용돈을 드리는 신입사원이 있다면 제안을 해본다. 부모님께서 당장 수입이 중단되어 용돈이 있어야만 하는 상황이 아니라면 부모님 용돈이라는 이름의 통장 이름표를 써두고 내가 저축을 해두는 것은 어떨까? 변수가 생기면 부모님께 감사하며 빼서 쓰고, 기초 근육이 어느 정도 형성되어서 그 통장에 손을 안 대도 된다면 정기적으로 부모님 여행을 보내드리거나 전자제품을 하나씩 바꿔드리는 건 어떨까? 소소하게 간식을 보내는 나보다 큼지막한 선물을 가끔 드리는 동생이 부모님께 칭찬받는다. 나중에 안 사실인데, 내가 쓰는 돈이 동생이 선물한 비용보다 훨씬 많음을 알게 되었다. 동생은 매우 현명하다. 돈을 쓸 줄 안다. 버는 것은 당연하고 현명하게 사용하는 지혜가 더해진다면 당신은 당신의 동기들보다 빠른 시간에 원하는 자금을 마련할 수 있게 될 것이다.

지갑과 플래너, 가방과 서랍 등 다양하게 비상금을 꽁쳐보았다. 유용하지 못하고 불필요한 안정감(?)만 생겨서 오히려 돈이 모이지 않았다. 비상금을 모아도 목적을 두고 한곳에 모으는 것이 현명하다. 특히 금융기관을 사용하여 신용이 함께 쌓이는 것을 추천한다. 주거래 은행을 정하고 친해져야 나중에 신세 질 때 대우가 좋다. 주거래 은행의 필요성을 잊지 말자.

증권사 활용법

중기 : 4~6년 사이에 사용할 자금 마련 사례

땅을 파고 항아리에 돈을 묻어서 숨겨둔다면 그 존재는 안전할지 모르지만, 물가가 오를 때 그 가치는 점점 떨어져갈 것이다. '돈이 스스로 일하게 하라'는 어떤 투자자의 이야기처럼, 그 돈은 숨겨지지 않고 금융사를 찾아 이자율을 따지며 투자처로 연결되어야만 한다. 그러나 문제는 그 투자처라는 곳에 대한 정의가 사람마다 너무나 다르다는 것이다.

최근 '코인'이라는 것 때문에 매우 상반된 이야기를 들었다. 투자금의 수십 배 대박이 난 케이스와 빚내서 투자하며 투자 추천까지 해서 사람까지 잃은 케이스다. 사실 이것은 투자가 아닌 투기라고 정의하는 것이 옳다. 나의 노력과 땀으로 예측된 성과를 더 극대화시키는 것을 투자라고 정의한다면, 투기는 운에 결과를 맡기는 것을 말한다. 주식도 철저한 기업과 산업 분석을 통해 얻은 결과가 아니라면 투자가 아닌 투기일 수 있다는 점 또한 기억해야할 것이다.

결혼을 준비하는 친구의 후배 이야기를 들은 적이 있다. 준비는 미흡했지만 더 좋은 환경에서 결혼하고 싶어서 투자율 12퍼센트의 금융 상품에 투자한 사례다. 2년 뒤 결혼을 계획하고 펀드에 투자했지만 당시 수익률은 원금의 30퍼센트밖에 보존되지 않았던 낭패를 겪었다.

어느 정도 리스크가 따르는 만큼 투자는 신중해야 하고, 또 공부도 많이 해야 한다. 앞서 말했듯 돈의 가치는 변한다. 지금의 1000만 원이 30년 후에는 지금만큼 가치 있지 않을 수 있다. 투자란 알고 하면 수익이 뒤따르는 분야이니 철저히 준비하여 월급 외 추가 수익을 맛보도록 하자.

주식은 전문가도 어렵다고 이야기한다. 펀드를 추천한다. 우량주나 특정 성향의 상품들을 묶어서 위험률을 최소화한 상품들이 개발되어 펀드로 판매되고 있다. 고수입보다 안정성을 따지며 시장을 읽은 뒤, 경험이 생기면 주식도 천천히 시작하면 어떨까? 우리는 목표 종잣돈이 모일 때까지 보수적으로 움직여보자.

> 주식은 전문가도 어렵다고 이야기한다. 펀드를 추천한다. 우량주나 특정 성향의 상품들을 묶어서 위험률을 최소화한 상품들이 개발되어 펀드로 판매되고 있다. 고수입보다 안정성을 따지며 시장을 읽은 뒤, 경험이 생기면 주식도 천천히 시작하면 어떨까? 우리는 목표 종잣돈이 모일 때까지 보수적으로 움직여보자.

일반적인 사례는 많지만 여기서는 조금 특이한 사례들을 공유하며 그들이 가진 좋은 시스템을 나도 준비할 수 있는 계기가 되길 기대해본다. 내가 만나본 사람 중 가장 독하게 저축을 실천한 그는, 절대 놓칠 수 없다는 그녀와의 결혼 자금을 만들기 위해 필사적이었다. 그는 190만 원 월급 중 200만 원을 월급날 저축한다. 주말 등 추가 근무를 하면 수령액이 210만 원 정도였기에 월급 이상의 적금이 가능했다. 200만 원 적금 후 남은 10만 원으로, 그는 전화 요금, 버스카드 충전과 사발면 한 상자를 구입했다. 자전거로 한 시간 남짓 되는 거리 출퇴근하며 교통비마저 아꼈다. 적극적이었던 그 친구는 1년 가까이 이것을 실천해냈고 결혼하여 잘 산다는 해피엔딩을 만들어냈다. 대단해 보이는가? 무모할 수 있기에 따라하는 것은 절대 반대다. 이 사례는 사실 다른 이야기를 위해 꺼냈다.

그와 결혼한 여자 친구는 장사를 하고 돈을 잘 벌고 있었다. 남자로서의 자존심을 지키기 위해 최소한의 비용을 모으겠다는 마음으로 열심이었지, 돈이 없어서 결혼을 못하기에 모은 것은 아니다. 그런데 이것은 돈을 관리하는 데 큰 영향을 끼친다. 돈이 있는데 안 쓰는 것과 없어서 못 쓰는 것은 정신 관리에 매우 큰 영향을 끼친다. 없어서 안 쓰면 삶이 궁핍해져서 인상이 바뀌고 주변 관계가 끊긴다. 이런 상황에서는 절약과 병행하여 수입을 늘리는 방법을 찾는 것이 옳다. 믿는 구석, 다시 말해 집안에 돈이 있으면 좋겠지만 그런 일은 드물기 때문에 나만의 비상금은 반드시 필요하다. 든든해야 저축도 할 수 있다.

무모한 지출을 실천해내는 대단한 의지를 지녔지만, 그의 절약 과정에는 예측 못한 지출이 있었다. 사발면으로 1년을 사는 데 건강에 문제없을 리 없었을 것이고 병원비를 지불하려면 적금을 깨야 하는 상황이었다.

1년간 이 친구가 무모한 절약을 실천할 수 있었던 이유는 앞서 언급한 주변 환경에 답이 있었다. 급할 때 돈을 빌려 쓸 곳이 있다는 것은 저축 시스템을 유지하는 데 절대적이다. 돈이 너무 없어 힘들다는 어떤 친구는 그래서 결국 엄마한테 돈을 빌렸다는 이야기를 했고, 난 더 이상 그가 돈이 없다는 것을 믿지 않는다. 엄마가 돈을 물려주실 테니까? 아니다. 위험의 순간에 돈을 융통할 수 있다는 것이 얼마나 절대적인지는 돈을 빌려본 사람만이 느낄 수 있을 것이다. 이 친구는 결국 여자 친구에게 돈을 빌려 쓸 수 있었고, 자존심 쎈 그는 결국 그 돈을 갚았던 것으로 안다. 어쨌든 적금에 손을 대지 않을 수 있는 비상금의 존재는 목적 자금을 만드는 데 걸리는 시간을 버티는 매우 실질적인 존재임을 기억해야 한다. 2~3개월분의 월급은 통장에 거치해두는 것이 비상시 분명한 도움이 된다. 저축의 시작은 비상금 마련임을 다시 한 번 강조하려고 한다.

돈을 잘 버는 선배가 있다. 월 3000만 원 넘게 버는 것도 보았으나 그 선배는 돈이 없다. 시즌과 비시즌으로 수입 구조가 들쑥날쑥 하기 때문이다. 돈은 세 가지 종류의 수입으로 구분된다. 1) 정기적인 수입, 2) 비정기적인 추가 수입, 3)예기치 않게 입금되는 목돈이 그렇다.

잘사는 사람들은 이 세 가지를 모두 가지고 있는 경우가 많다. 세 가지가 있었기에 부자가 되었는지, 부자가 된 후 세 가지를 구축했는지는 잘 모르겠지만 결국 부자라 불리는 그들에게는 세 가지 수입이 있었다. 많은 명함을 가지고 있는 나의 가장 큰 수입원은 취업컨설팅과 강의. 그런 내가 현장에서 늘 강조하는 것 중 하나는 추가 직업을 가질 수 있는 능력을 갖추는 일이다.

우리는 주로 급여 생활을 한다. 이는 원치 않는 퇴직으로 이어지는 경우가 많고 결국 다른 직장이나 다른 직업으로 이동해야 하는 상황에 몰리게 된다. 같은 직업에 머물면 수입의 변화는 일어날 수 없다. 따라서 퇴근 후 자기 관리를 강조한다. 메인 직업을 가지면서 내가 해야 하는 것은 일을 잘하는 것이다. 단시간에 효과적인 결과를 낼 수 있도록 전체 그림을 이해하며 빠르고 퀄리티 높은 결과를 낼 수 있어야 다른 일도 할 수 있다. 일을 못하면 일에 끌려 다니고, 다른 일을 하면 본래 직업에 불성실함을 가지고 오므로 주변에 피해가 된다. 내 일을 잘하도록 노력한 뒤 여가시간을 만들어내서 다른 능력을 도모해야 한다. 일에 치여 그럴 틈이 없는 상황, 많이 보았다.

직장이나 직업을 바꾸어야 하나 현실은 그것이 어렵다는 점을 수도 없이 목격했다. 그래서 결국 끌려 다니고 갑질을 당한다. 언젠가 결단이 필요한 때가 반드시 온다. 효과적으로 성과를 낼 수 있는 내 일의 전문가가 된 후 추가 능력을 학습할 수 있도록 상황을 바꾸기 위해 노력하자. 그렇게 하면 고정적인 월급에 크몽이나 탈잉 같은 곳에서 추가 수입도 만들어낼 수 있다.

추후 능력이 된다면 창업이나 사업 아이템을 준비하여 1년에 한두 번 목돈이 들어올 수 있는 무언가를 준비한다면 금상첨화다. 물론 이는 매우 매우 어렵고 노력한다고 되는 것은 아니었다. 사업, 영업이라는 것을 할 수 있는 성향의 사람이어야 가능하고, 내 성격이 일반적이라면 전문성을 기르는 데 일단 열심을 기울여주길 응원한다.

OX 가계부
워크시트

직접 작성해보는
OX 가계부

◆ 연간 지출 이벤트 작성 샘플

01 JAN.	02 FAB.	03 MAR.
동생 생일	설날	월 별 특별한 나만의 이벤트는 어떤 것들이 있을지 미리 파악해 지출을 예상해봐요!
04 APR.	05 MAY.	06 JUN.
엄마 생신 명주 생일	주영이 생일 명희 생일	지현이 생일
07 JUL.	08 AUG.	09 SEP.
주연이 생일	아빠 생신 할아버지 생신	부모님 결혼기념일 추석
10 OCT.	11 NOV.	12 DEC.
언니 생일		양가 할머니 생신 겨울 휴가

◆ 연간 지출 미리보기 샘플

	연간 예상 지출 미리보기					
	1월		2월		3월	
	내용	예상지출	내용	예상지출	내용	예상지출
01						
02						
03						
04			설 연휴	50,000		
05			설 연휴	50,000		
06			설 연휴	50,000		
07						
08	동생 생일 선물	50,000				
09						
10						
11						
12						
13						
14						
15						
16						
17						
18						
19						
20						
21						
22						
23						
24						
25						
26						
27						
28						
29						
30						
31						
총 예상 지출	50,000		150,000			

	4월		5월		6월	
	내용	예상지출	내용	예상지출	내용	예상지출
01						
02						
03						
04						
05						
06						
07						
08						
09			주영 생일 선물	50,000		
10						
11						
12						
13	엄마 생신 선물	100,000				
14						
15						
16						
17					지현 생일 선물	50,000
18						
19						
20						
21						
22			명희 생일 선물	50,000		
23						
24						
25						
26						
27						
28						
29						
30	명주 생일 선물	50,000				
31						
종 예상 지출	150,000		100,000		50,000	

연간 예상 지출 미리보기

연간 예상되는 지출을 날짜 별로
미리 적고 이에 대비해보아요.

이번 달 목표는?

지난 달 보다 10만원 적게 쓰기

이번 달 당신의 목표는 무엇인가요?
기록을 통해 한 번 더 마음속 다짐을 해보세요!

당신의 목표 3가지는?

_____

_____

_____

◆ 주간 A, B 지출 기록 샘플

주간 기록 ① 2 3 4 5   **몇 주차에 해당하나요?**   A, B 지출 기록

날짜	내용	금액	분류
1	점심 (갈치조림)	6,000 원	Ⓐ / B
1	저녁 (순두부찌개)	7,000 원	A / Ⓑ
4	요가복	39,000 원	Ⓐ / B
4	점심(까르보나라)	8,000 원	Ⓐ / B
5	아메리카노	4,000 원	A / Ⓑ
6	영화	11,000 원	Ⓐ / B
6	네일아트	30,000 원	Ⓐ / B
6	후불 교통카드 결제	62,000 원	A / Ⓑ
7	핸드폰요금	48,000 원	A / Ⓑ
7	네일아트	30,000 원	Ⓐ / B
10	점심 (불고기백반)	6,000 원	A / Ⓑ
11	저녁 (냉면)	7,000 원	Ⓐ / B
12	점심(에밀)	6,500 원	Ⓐ / B
15	아메리카노	4,000 원	Ⓐ / B
15	타로	10,000 원	A / Ⓑ
17	일주일 장보기	58,000 원	A / Ⓑ
19	혜연이랑 저녁약속	34,000 원	A / Ⓑ
19	VOD결재	37,000 원	Ⓐ / B
22	혜인언니 생일선물	18,000 원	A / Ⓑ
25	점심(닭갈비)	30,000 원	Ⓐ / B
			A / B
			A / B
			A / B
			A / B
			A / B
			A / B
			A / B
			A / B

A/B 지출을 기록합니다. 날짜별 지출 내용과 금액을 작성하고, 지출을 A 혹은 B로 구분해요!

주간 A/B 지출의 합계와 횟수를 기록합니다.

		금액	분류
	총 지출	455,500 원	A: 11회 B: 9회

◆ C 지출 기록 샘플

C 지출 기록

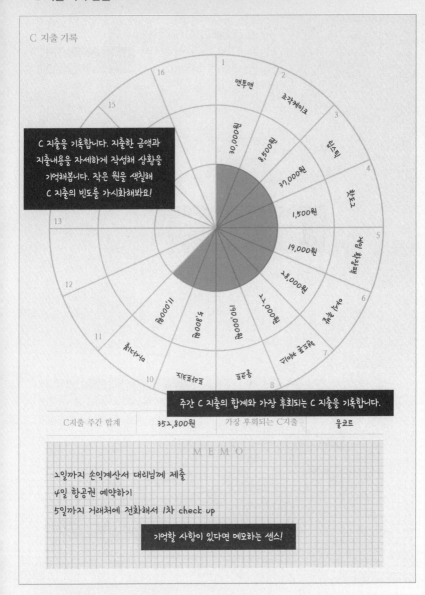

C 지출을 기록합니다. 지출한 금액과 지출내용을 자세하게 작성해 상황을 기억해봅니다. 작은 원을 색칠해 C 지출의 빈도를 가시화해봐요!

주간 C 지출의 합계와 가장 후회되는 C 지출을 기록합니다.

C지출 주간 합계	352,800원	가장 후회되는 C지출	올코트

MEMO

2일까지 손익계산서 대리님께 제출

4일 항공권 예약하기

5일까지 거래처에 전화해서 1차 check up

기억할 사항이 있다면 메모하는 센스!

◆ 월간 C 지출 빈도 샘플

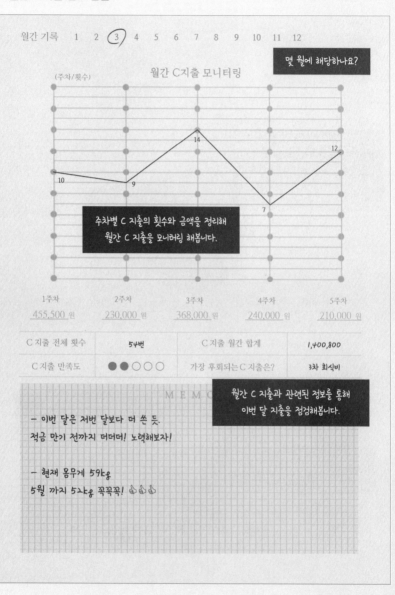

월간 기록   1   2   ③   4   5   6   7   8   9   10   11   12

월간 C지출 모니터링

몇 월에 해당하나요?

(주차/횟수)

10
9
14
7
12

주차별 C 지출의 횟수와 금액을 정리해
월간 C 지출을 모니터링 해봅니다.

1주차	2주차	3주차	4주차	5주차
455,500 원	230,000 원	368,000 원	240,000 원	210,000 원

C 지출 전체 횟수	54번	C 지출 월간 합계	1,400,800
C 지출 만족도	●●○○○	가장 후회되는 C 지출은?	3차 회식비

MEMO

월간 C 지출과 관련된 정보를 통해
이번 달 지출을 점검해봅니다.

- 이번 달은 저번 달보다 더 쓴 듯.
적금 만기 전까지 더더더! 노력해보자!

- 현재 몸무게 59kg
5월 까지 5kg 꼭꼭꼭! 👍👍👍

◆ 지출 제어 항목 회고 샘플

이번 달 지출제어 항목은?

__카페__

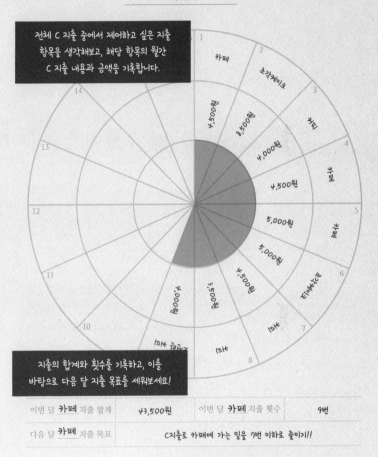

전체 C 지출 중에서 제어하고 싶은 지출 항목을 생각해보고, 해당 항목의 월간 C 지출 내용과 금액을 기록합니다.

지출의 합계와 횟수를 기록하고, 이를 바탕으로 다음 달 지출 목표를 세워보세요!

이번 달 **카페** 지출 합계	43,500원	이번 달 **카페** 지출 횟수	9번
다음 달 **카페** 지출 목표	C지출로 카페에 가는 일을 7번 이하로 줄이기!!		

이번 달 목표와
3~5년 내 장기 목표 3가지는?

_____

_____

_____

_____

20____년도
OX/ABC 가계부

01 JAN.	02 FAB.	03 MAR.
04 APR.	05 MAY.	06 JUN.
07 JUL.	08 AUG.	09 SEP.
10 OCT.	11 NOV.	12 DEC.

	연간 예상 지출 미리보기					
	1월		2월		3월	
	내용	예상지출	내용	예상지출	내용	예상지출
01						
02						
03						
04						
05						
06						
07						
08						
09						
10						
11						
12						
13						
14						
15						
16						
17						
18						
19						
20						
21						
22						
23						
24						
25						
26						
27						
28						
29						
30						
31						
총 예상 지출						

연간 예상 지출 미리보기

	4월		5월		6월	
	내용	예상지출	내용	예상지출	내용	예상지출
01						
02						
03						
04						
05						
06						
07						
08						
09						
10						
11						
12						
13						
14						
15						
16						
17						
18						
19						
20						
21						
22						
23						
24						
25						
26						
27						
28						
29						
30						
31						
총 예상 지출						

	연간 예상 지출 미리보기					
	7월		8월		9월	
	내용	예상지출	내용	예상지출	내용	예상지출
01						
02						
03						
04						
05						
06						
07						
08						
09						
10						
11						
12						
13						
14						
15						
16						
17						
18						
19						
20						
21						
22						
23						
24						
25						
26						
27						
28						
29						
30						
31						
총 예상 지출						

		연간 예상 지출 미리보기					
		10월		11월		12월	
		내용	예상지출	내용	예상지출	내용	예상지출
	01						
	02						
	03						
	04						
	05						
	06						
	07						
	08						
	09						
	10						
	11						
	12						
	13						
	14						
	15						
	16						
	17						
	18						
	19						
	20						
	21						
	22						
	23						
	24						
	25						
	26						
	27						
	28						
	29						
	30						
	31						
총 예상 지출							

월간 C 지출 모니터링

(주차/횟수)

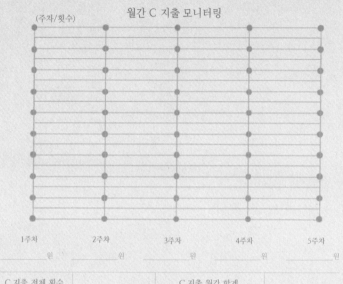

1주차　　　　2주차　　　　3주차　　　　4주차　　　　5주차

_____원　_____원　_____원　_____원　_____원

C 지출 전체 횟수		C 지출 월간 합계	
C 지출 만족도		가장 후회되는 C 지출은?	

MEMO

이번 달 지출 제어 항목은?

_____

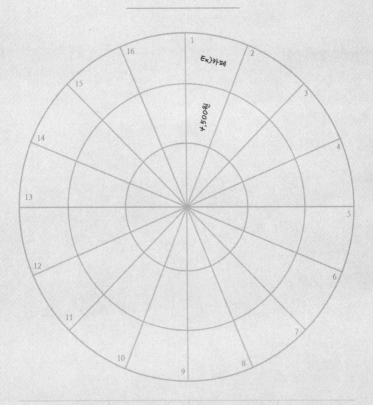

이번 달 _____ 지출 합계   이번 달 _____ 지출 횟수 _____

다음 달 _____ 지출 목표 _____